新农村科普系列

粮食增产与农民增收

王晓波◎主编

中国出版集团　现代出版社

图书在版编目（CIP）数据

粮食增产与农民增收 / 王晓波编著 . -- 北京：现代出版社，2021.8

ISBN 978-7-5143-9354-5

Ⅰ . ①粮… Ⅱ . ①王… Ⅲ . ①粮食增产—关系—农民收入—收入增长—研究—中国 Ⅳ . ① F326.11 ② F323.8

中国版本图书馆 CIP 数据核字 (2021) 第 150171 号

粮食增产与农民增收

编　　著　王晓波
责任编辑　刘全银
出版发行　现代出版社
地　　址　北京市安定门外安华里 504 号
邮政编码　100011
电　　话　010-64267325　64245264（传真）
网　　址　www.1980xd.com
电子邮箱　xiandai@vip.sina.com
印　　刷　三河市宏盛印务有限公司
开　　本　787mm × 1092mm　1/16
印　　张　10
版　　次　2021 年 9 月第 1 版　2024 年 11 月第 6 次印刷
书　　号　ISBN 978-7-5143-9354-5
定　　价　20.00 元

前　言

粮食是人类的生存之本，粮食安全是世界各国都非常关心的问题。中国是人口大国，地少人多，粮食安全更是维护社会稳定和国家安定的重要支撑因素。此外，中国经济的腾飞离不开粮食产量的持续增长，中国快速推进的工业化和城镇化发展也离不开粮食产业的现代化经营。

虽然目前我国对粮食产业进行了结构性调整，但是和一些发达国家相比，中国粮食产业的发展水平还相对落后，所以我国一直重视粮食生产的发展，在生产和贸易两方面都积极地给予支持和保护，为现代化建设提供了政策和物质保障。自新中国成立后，中国的粮食贸易经历了四个阶段：第一个阶段是 1949~1978 年，粮食贸易以净出口为主；第二个阶段是 1979~1991 年，粮食贸易以净进口为主；第三个阶段是 1992~2001 年，粮食贸易处于进出口交互阶段；第四个阶段是 2002 年至今，粮食贸易进入国际贸易体系阶段。

面对国际粮食市场，中国立足本国国情、粮情，贯彻创新、协调、绿色、开放、共享的新发展理念，落实高质量发展要求，实施新时期国家粮食安全战略，走出了一条具有中国特色的粮食安全之路。

粮食安全是世界和平与发展的重要保障，是构建人类命运共同体的重要基础，关系人类社会的前途和命运。作为世界上最大的发展中国家和负责任的大国，中国始终是维护世界粮食安全的积极力量。中国积极参与世界粮食安全治理，加强国际交流与合作，坚定维护粮食多边贸易体系，落实联合国2030年可持续发展议程，为维护世界粮食安全、促进共同发展作出了积极贡献。

为此，本书力图从基础做起，从基层粮农的基本素质和专业素养的角度，阐述粮食产业发展的基本规律。

一、中国粮食行业现状分析

随着新冠肺炎疫情在全球的蔓延，全球部分粮食出口国传出了限制出口的信息。但是我国统计局公布的全国粮食生产数据显示：2020年，全国粮食总产量为1.3万亿斤，产量连续6年保持在1.3万亿斤以上，受疫情影响不大，形势向好。

从世界范围来说，多数大国的粮食自给率都在90%以上。比如：澳大利亚、阿根廷等国的粮食自给率超过200%；美国、加拿大、法国、德国等国的粮食自给率在100%~200%；俄罗斯、印度、巴西等国的粮食自给率则在90%~100%；粮食自给率低于90%安全线的国家主要集中在非洲。中国的粮食自给率如何呢？以三大口粮——大米、小麦、玉米为例，三者的国内自给率平均在97%以上。

二、粮食产业的属性与核心竞争力

粮食产业的弱质性决定了粮食产业的发展特点，无论是传统小农经济还是现代化农业，无论是发展中国家还是发达国家，都不例外。粮食产业的弱质性主要表现在粮食生产周期长、对自然条件的依赖性强、行业技术壁垒低、供需弹性小但市场风险大、投资回报率低等。受到自然风险和市场风险的双重影响，粮食产业处于国民经济的弱势地位，这就需要国家进行政策补贴和结构性调整，以及特殊商品的运营模式来统筹协调粮食产业的发展。

三、提升粮食产业的综合生产能力

第一，严守耕地保护红线；第二，提升耕地质量，保护生态环境；第三，科学分析粮食品种种植以及良种培育等；第四，提高水资源利用效率；第五，机械化操作和各种粮食产业生产模式市场化运营；第六，专业新粮农人才的培养等。

四、粮食增产与农民增收的协同发展

中国自改革开放以来，农村居民从同质群体演变为传统农民、离乡农民、离土农民、内源式新型农民、外源式新型农民等多种类型。中国的市场化体制转型不仅推动了中国经济总量的持续高速增长，而且使中国的各种社会组织形式也发生了根本性的变化。作为世界上最大的发展中国家，中国长期存在城乡之间的二元结构性特征。

二元经济结构理论是由英国经济学家刘易斯在 1954 年首先提出的，该理论揭示了发展中国家并存着传统的自给自足的农业经济体系和城市现代工业体系两种不同的经济体系,这两种体系构成了“二元经济结构”。中国正在从传统农业向商业化的现代农业转变，并且中国是社会主义国家，因此不能直接照搬资本主义国家的发展模式，要结合自己的国情，走出自己的现代化商业模式。

五、农业综合开发和挖掘新农村居民增收的潜力

农业综合开发是指中央政府为保护、支持农业发展，改善农业生产基本条件，优化农业和农村经济结构，提高农业综合生产能力和综合效益，设立专项资金对农业资源进行综合开发利用的活动。国家通过各种补贴政策和智力扶持，提升农村居民的增收潜力。

行道则粮，止居则食。粮食生产关乎国计民生，有了合理政策的扶持和引导，百姓自然愿意奋力进取。幸福的生活都是奋斗出来的，但奋斗不是出蛮力，新时代的农民要掌握科学种田的方法，探索新的粮食生产方式和经营模式，这才是走向富裕之路的捷径。

目 录

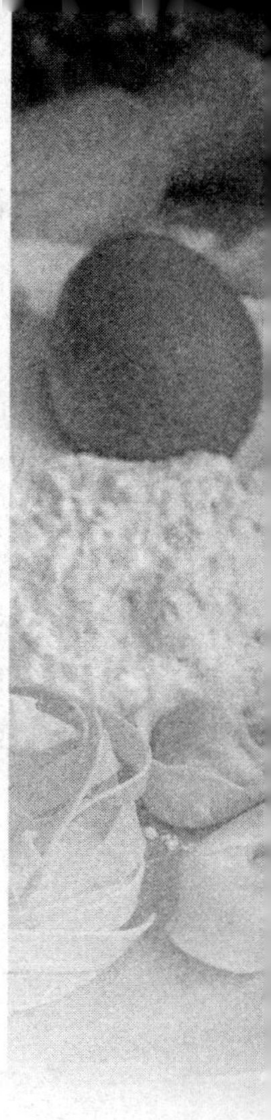

第一章
中国粮食现状与行业分析

中国粮食生产现状

粮食生产关乎国计民生，2020 年 12 月 10 日，国家统计局公布的全国粮食生产数据显示：2020 年，全国粮食总产量为 1.3 万亿斤，产量连续 6 年保持在 1.3 万亿斤以上。也是在这一年，我国粮食产量创历史新高，粮食生产实现“十七连丰”。未来，我国将继续以保障国家粮食安全为底线，坚持最严格的耕地保护制度，巩固提升粮食综合生产能力。

我国粮食生产发展的阶段

第一个阶段（1950~1978 年）：这一时期，我国通过改革土地所有制关系，引导农民走上互助合作的道路，生产力得到了极大的解放。此外，我国还致力于改善农业基础设施、提高农业物质装备水平、加快农业科技进步等，并取得了显著成效，为粮食生产的持续发展铺垫了坚实的基础。

第二个阶段（1979~1984 年）：这一时期，我国实施了一系列重大政策措施，主要包括：提高粮食收购价格，以及实行以家庭联产承包为主的责任制和统分结合的双层经营体制等。这些措施极大地提高了农民的生产积极性，实现了粮食产量的快速增长，扭转了我国粮食长期严重短缺的状况。

第三个阶段（1985年至今）：这一时期，我国在继续发展粮食生产的同时，开始进行农业产业结构的调整，鼓励广大农民发展多种经营，肉蛋奶、水产品、水果等的产量都实现了大幅增长，人民的生活质量得到了明显提高。

我国耕地特点和农业机械化

我国耕地主要有两个特点：一个是人均耕地面积少，另一个是耕地分布不均匀。粮食安全事关百姓福祉和国家稳定，因此，发展农业机械化、提高耕地利用率被提上了日程。经过长期不懈的努力，我国的农业机械化取得了长足的发展。2019年，我国农业农村部新闻办公室发布的数据显示，全国农作物耕种收综合机械化率超过70%，其中，小麦、水稻和玉米三大粮食作物的生产已基本实现机械化，提前一年完成了“十三五”规划的目标。在这个过程中，我国主要采取了以下几个措施。

第一，创新农业机械化工作格局，深入推动主要农作物全程机械化。其主要措施包括：新创建了153个全程机械化示范县，示范县总数超过450个，全力保障粮食安全；大力支持恢复生猪生产，以“应补尽补”为原则，将部分禽畜粪污资源化利用和生猪生产机具装备纳入补贴范围；大力推进甘蔗生产全程机械化，基本解决了甘蔗收获环节没有机械可用的问题；等等。

第二，推进丘陵山区和贫困地区的农业机械化发展。通过推行土地平整、机耕道建设、农田宜机化改造、开展农业机械化扶贫等措施，我国丘陵山区和贫困地区的农业机械化发展取得了可喜的成效，农业综合生产能力不断提高。

第三，发挥农业机械购置补贴政策的作用。我国通过一系列政策举措，如在6个省份建立标准化大棚补贴试点，以及在26个省份建立

39 种农业机械创新产品补贴试点等，增强了农民购置农业机械的能力，农业各产业对新型农机装备的需求得到了充分满足，促进了我国农业机械化信息化的融合发展。

第四，全力破解东北黑土地战略性保护难题。我国农业农村部组织人员，对东北黑土地保护性耕作问题进行了深入调研，制订了《东北黑土地保护性耕作国家行动计划（2020—2025 年）》，为解决东北黑土地保护问题提供了一条有效的路径。

我国的粮食种类有哪些

在夏、商、周时期，我国的粮食品种有七种，分别是黍、稷、稻、小麦、大麦、菽和麻。其中主要的粮食品种是黍、稷。到了春秋战国时期，就有了“五谷”的概念。现在，我国的主要粮食作物有稻谷、小麦、玉米、大豆和薯类，此外还有高粱、谷子等杂粮作物。根据国家统计局公布的 2020 年粮食产量数据，2020 年全国主要粮食播种面积、总产量、单位面积及各省（区、市）粮食产量如下。

表 1　2020 年全国粮食播种面积、总产量及单位面积产量情况

	播种面积（千公顷）	总产量（万吨）	单位面积产量（千克 / 公顷）
全年粮食	116768	66949	5734
一、分季节			
1. 夏粮	26172	14286	5458
2. 早稻	4751	2729	5745
3. 秋粮	85845	49934	5817
二、分品种			
1. 谷物	97964	61674	6296
其中：稻谷	30076	21186	7044
小麦	23380	13425	5742
玉米	41264	26067	6317
2. 豆类	11593	2288	1973
3. 薯类	7210	2987	4143

注：1. 根据甘肃、宁夏、新疆等部分地区小麦实际产量对全国夏粮数据进行了修正。
　　2. 此表中部分数据因四舍五入，分项数合计与全年数据略有差异。

表 2　2020 年全国及各省（区、市）粮食产量

	播种面积（千公顷）	总产量（万吨）	单位面积产量（千克 / 公顷）
全国总计	116768	66949	5734
北　京	49	31	6244
天　津	350	228	6516
河　北	6389	3796	5941
山　西	3130	1424	4550
内蒙古	6833	3664	5362
辽　宁	3527	2339	6631
吉　林	5682	3803	6694
黑龙江	14438	7541	5223
上　海	114	91	8003

续表

	播种面积（千公顷）	总产量（万吨）	单位面积产量（千克／公顷）
江　苏	5406	3729	6898
浙　江	993	606	6097
安　徽	7290	4019	5514
福　建	834	502	6020
江　西	3772	2164	5736
山　东	8282	5447	6577
河　南	10739	6826	6356
湖　北	4645	2727	5871
湖　南	4755	3015	6341
广　东	2205	1268	5749
广　西	2806	1370	4882
海　南	271	145	5373
重　庆	2003	1081	5399
四　川	6313	3527	5588
贵　州	2754	1058	3840
云　南	4167	1896	4549
西　藏	182	103	5648
陕　西	3001	1275	4248
甘　肃	2638	1202	4557
青　海	290	107	3704
宁　夏	679	380	5602
新　疆	2230	1583	7100

注：此表中部分数据因四舍五入，分省合计数与全国数略有差异。

中国粮食消费现状

1984 年以来，我国的人均粮食占有量相对稳定，肉食类食品占有量有所上升，在人均国民生产总值与我国同等的国家中，我国人民的营养水平位于前列，基本达到了世界平均水平。而且，这个趋势还在不断向好，到 2019 年，我国人均粮食占有量达到 470 公斤左右，高出国际粮食安全标准线约 70 公斤。

我国人民粮食消费发展概况

新中国成立以来，我国经历了城乡居民收入由少到多、食品消费从匮乏到富足的发展历程。在改革开放前，我国城乡居民由于收入水平较低、食品种类单调、食品供给数量不足等，消费水平较低。改革开放后，这一情况得到了极大的改善，主要体现在以下几个方面。

第一，城乡居民食品消费水平提高。2018 年，我国城镇居民人均食品烟酒支出为 7239 元，较 1956 年增长了 58.3 倍；农村居民人均食品烟酒支出 3646 元，较 1954 年增长了 88.1 倍。

第二，消费结构发生了显著变化。2018 年，我国城镇居民人均粮食消费量为 110 公斤，比 1956 年下降了 36.6%；人均猪肉消费量为 22.7 公斤，较 1956 年增长了 2.9 倍；人均牛羊肉消费量为 4.2 公斤，较 1956 年增长了 1.6 倍；人均蛋类消费量为 10.8 公斤，较 1956 年增长了 2.2 倍；人均奶类消费量为 16.5 公斤，较 1985 年增长了 6.5 倍。与此同时，农村居民也出现了粮食消费量下降，而肉蛋奶等食品消费量大幅上升的情况。

我国稻谷消费现状

2005 年，湖南省永州市道县玉蟾岩遗址出土了一粒古栽培稻，距今已有 10000 多年的历史。作为世界上已知的栽培稻起源地，中国既是稻作历史最悠久的国家之一，又是全球第一大稻谷生产国，中国稻谷产量占全球稻谷产量的 28.9%。

在稻谷消费方面，我国的稻谷供给量略大于稻谷消费量。以 2019 年为例，我国的稻谷供给量约为 2.2 亿吨，稻谷消费量约为 2 亿吨。其中，大米食用消费占总消费的 56.3%，糠麸消费占 25.3% 左右，工业消费、种子用量、饲用及损耗等加起来只占 18.5%。

我国小麦消费现状

早在明朝时期，我国就已经广泛种植小麦了，其中，北方地区小麦的栽培和发展史可以追溯到四五千年以前，说明我国有着十分悠久的小麦种植历史，在我国的粮食生产中长期占据着重要地位。

新中国成立后，我国大力推广新品种小麦，改进小麦栽培技术，经过一系列举措，我国小麦产量有了大幅度提高。与之相应地，从1949年到20世纪90年代后期，我国的小麦消费量也在持续增长。如今，我国不仅是全球最大的小麦生产国，也是全球最大的小麦消费国，小麦年消费量为1.2亿~1.3亿吨。2019年，我国小麦产量为1.3亿吨，消费量为1.2亿吨，下游消费主要是制粉消费、饲用消费、工业消费和种用消费等。

我国玉米消费现状

玉米是全球种植范围最广和产量最大的谷类作物，在我国粮食产业中占据着重要位置，我国玉米的播种面积、总产量和消费量都居世界第二位。

目前，随着城镇化水平和食物消费水平的提高，我国玉米的食用消费量有所下降。但是，玉米在我国用途广泛，消费种类多，除了食用消费外，还有饲料消费、工业消费和种子消费等。2018年，我国各类玉米消费量占玉米总消费量的比例分别为：饲料消费53.3%，工业消费35.7%，食用消费2.9%，以及种子消费0.4%。此外，还有7.7%的损耗。

我国大豆消费现状

大豆是我国的第四大粮食品种，也是我国食用油的第一大来源，种植面积占我国粮食种植总面积的10%。但是，我国大豆种植存在成本高、利润低、国际竞争力不强等问题，导致农民种植的积极性不高，所以产量相对较低。因此，我国大豆产业的对外依存度较高。据统计，2019年，我国大豆产量为1900多万吨，大豆消费量超过1亿吨，进口大豆8800多万吨，进口量占消费量的84%。

就消费类型而言，我国大豆有三大用途，分别是压榨、食用和种用，此外还有损耗和其他用途。2019年，我国大豆的压榨消费量占大豆消费总量的84.07%，食用消费量占12.45%，损耗及其他消费量占2.85%，种用消费量占0.63%。同年，为了提升大豆自给水平，我国开始实施大豆振兴计划，采取了提高大豆种植补贴等措施，农民种植大豆的积极性有所提高，大豆种植面积在当年增长了近11%。不过，想要彻底扭转大豆对外依存度高的局面，我国还有较长的路要走。

中国粮食贸易现状

粮食是人民生存的必需品，是国家维持稳定、保障发展的重要战略物资。因此，世界各国都非常重视粮食安全问题。因为粮食生产存在波动，粮食消费结构也在不断地变化，所以，任何一个国家都无法在粮食的供需上达到完美平衡。这时，就需要借助进出口贸易来进行辅助调节了。

中国积极践行自由贸易的理念，自加入世界贸易组织以来，始终认真履行相关承诺，主动分享粮食安全资源和经验，不断深化粮农领域的国际合作，积极参与世界粮食安全治理，提供力所能及的国际紧急粮食援助，为推动世界粮食贸易发展、维护世界粮食安全作出了重要贡献。

我国粮食贸易的发展阶段

我国是一个农业大国，但是存在人多地少、耕地分布不均等问题。所以，自新中国成立以来，我国一直十分重视对粮食生产和粮食贸易的支持与保护，为现代化建设提供了有力的保障。在这个过程中，我国粮食贸易的发展大致可以分为四个阶段：第一阶段从 1949 年到 1978 年，粮食贸易以净出口为主；第二阶段从 1979 年到 1991 年，粮食贸易以净进口为主；第三阶段从 1992 年到 2001 年，粮食贸易进入进出口交互阶段；第四阶段从 2002 年至今，处于国际贸易体系阶段。

近几年来，美国为了遏制我国的发展，对我国采取了一系列单边贸易措施，给我国的粮食贸易带来了巨大的挑战。

我国粮食贸易现状分析

2018 年，我国进口粮食 2050.2 万吨，同比减少 19.9%。其中，进口小麦 309.9 万吨，同比减少 29.9%；进口玉米 352.4 万吨，同比增长 24.7%；进口稻米 307.7 万吨，同比减少 23.6%。

那么，我国的粮食出口情况如何呢？同样以 2018 年为例，我国出口粮食 254.4 万吨，同比增长 57.4%。其中，出口小麦 28.6 万吨，同比增长 56.4%；出口玉米 1.2 万吨，同比减少 85.8%；出口稻米 208.9 万吨，同比增长 74.6%。

总的来说，我国现阶段的小麦出口量涨幅较大，但还是以进口为主，处于贸易逆差地位，这主要是因为我国小麦产量占世界小麦产量的比重有所下降，且优质小麦产量低，后续可以依靠科技进步，提高小麦的产量和质量。和小麦一样，我国玉米也处于贸易逆差地位，这主要是因为国内玉米的国际市场竞争力不够，需要加大科技投入，在降低生产成本的同时，实现高质量生产。我国稻米的贸易逆差较小，存在逆差主要是生产资料价格上涨、劳动力成本上升等多种因素共同作用，导致国内粮价超过进口粮价的结果，想要改变这一局面，需要积极调整和优化产业结构、科学引导产业布局、全面提升相关企业的创新能力，以及多措并举引导适度加工等。

粮食贸易与粮食安全的关系

提到粮食贸易，我们会在第一时间想到各种进出口数据，但是，粮食贸易影响的不只是粮食作物的进出口贸易，它还与一个国家的粮食安全紧密相连。粮食贸易和粮食安全互相制约、互为因果，粮食贸易政策会对国家的粮食安全水平产生直接影响，而粮食安全水平又会反过来推动粮食贸易政策的革新。

自新中国成立以来，我国的粮食贸易经历了从小到大、从弱到强的发展历程，贸易规模不断扩大。因此，粮食贸易对我国粮食安全的影响也越来越显著。过去，我国的粮食安全问题是总量不足，但现在已经转变为结构安全和品质安全两方面的问题。结构安全方面，主要体现在粮食作物供求结构不良，如玉米、稻米等粮食呈现出阶段性供大于求的特点，大豆等则长期处于供给不足的状态；品质安全方面，主要体现在我国部分粮食品种缺乏优质产品，如稻米产量大，但优质稻米占比较小，导致我国粮食不能满足国内外消费者消费升级的需求。

中国粮食自给率变化

粮食自给率指的是当年粮食产量占当年粮食消费量的比重，是评估一个国家的粮食自给程度、衡量一个国家的粮食安全水平的一项指标。一般来说，如果一个国家或地区的粮食自给率达到100%，就属于完全自给；如果在95%~100%，就属于基本自给；如果在90%~95%，则属于可以接受的粮食安全水平；如果小于90%，粮食安全风险就会增大。

从世界范围来看，多数大国的粮食自给率超过了90%。其中，澳大利亚、阿根廷等国超过了200%；美国、加拿大、法国等国在100%~200%；而俄罗斯、巴西、印度等国的粮食自给率在90%~100%。当然，也有一些国家的粮食自给率低于90%这条“安全线”，这些国家大多集中在非洲。此外，亚洲的日本和韩国，粮食自给率也远低于90%。那么，我国的粮食自给率情况如何呢？我国三大主要粮食作物——大米、小麦、玉米的平均自给率超过了97%。

我国稻谷自给率变化

2010年，稻谷年总产量约为1.95亿吨，总消费量约为1.93亿吨。粮食自给率约为101%。

2011年，稻谷总产量约为2.01亿吨，总消费量约为1.95亿吨。粮食自给率约为103%。

2012年，稻谷总产量约为2.04亿吨，总消费量约为1.96亿吨。粮食自给率约为104%。

2013年，稻谷总产量约为2.04亿吨，总消费量约为1.98亿吨。粮食自给率约为103%。

2014年，稻谷总产量约为2.06亿吨，总消费量约为2亿吨。粮食自给率约为 103%。

2015 年，稻谷总产量约为 2.08 亿吨，总消费量约为 2 亿吨。粮食自给率约为 104%。

2016 年，稻谷总产量约为 2.07 亿吨，总消费量约为 2 亿吨。粮食自给率约为 104%。

2019 年，稻谷总产量约为 1.99 亿吨，总消费量约为 1.97 亿吨。粮食自给率约为 101%。

我国小麦自给率变化

2010 年，小麦总产量约为 1.15 亿吨，总消费量约为 1.16 亿吨。粮食自给率约为 99%。

2011 年，小麦总产量约为 1.17 亿吨，总消费量约为 1.16 亿吨。粮食自给率约为 101%。

2012 年，小麦总产量约为 1.21 亿吨，总消费量约为 1.20 亿吨。粮食自给率约为 101%。

2013 年，小麦总产量约为 1.21 亿吨，总消费量约为 1.19 亿吨。粮食自给率约为 102%。

2014 年，小麦总产量约为 1.26 亿吨，总消费量约为 1.19 亿吨。粮食自给率约为 106%。

2015 年，小麦总产量约为 1.30 亿吨，总消费量约为 1.13 亿吨。粮食自给率约为 115%。

2016 年，小麦总产量约为 1.29 亿吨，总消费量约为 1.16 亿吨。粮食自给率约为 111%。

2019 年，小麦总产量约为 1.18 亿吨，总消费量约为 1.12 亿吨。粮食自给率约为 105%。

我国玉米自给率变化

2010 年，玉米总产量约为 1.77 亿吨，总消费量约为 1.76 亿吨。粮食自给率约为 101%。

2011 年，玉米总产量约为 1.93 亿吨，总消费量约为 1.80 亿吨。粮食自给率约为 107%。

2012 年，玉米总产量约为 2.06 亿吨，总消费量约为 1.95 亿吨。粮食自给率约为 106%。

2013 年，玉米总产量约为 2.18 亿吨，总消费量约为 1.88 亿吨。粮食自给率约为 116%。

2014 年，玉米总产量约为 2.16 亿吨，总消费量约为 1.78 亿吨。粮食自给率约为 121%。

2015 年，玉米总产量约为 2.25 亿吨，总消费量约为 1.86 亿吨。粮食自给率约为 121%

2016 年，玉米总产量约为 2.20 亿吨，总消费量约为 2.11 亿吨。粮食自给率约为 104%。

2019 年，玉米年总产量约为 2.57 亿吨，总消费量约为 2.75 亿吨。粮食自给率约为 93%。

我国的粮食可以基本自给

近年来，我国粮食总产量持续丰收，粮食产量基本可以实现自给，再加上得益于我国农业发展的良好势头和粮食储备总量的提高，我国进口粮食的数量总体大幅下降，对进口农产品的依存度不高。从进口的粮食品种来看，主要的进口粮食作物是大豆和粗粮，进口的大米和小麦在国内粮食消费量中占比很小，主要用于品种调剂。

与此同时，我国大量出口谷物粮食。根据我国海关总署发布的数据可知：2019 年，我国累计出口谷物及其制成品的总价值，比 2018 年增长了 18.6%，而进口谷物及其制成品的价值总量比 2018 年下降了 3.9%；2020 年 1~2 月，我国粮食出口虽然受到新冠肺炎疫情的影响，但依然保持着一定的出口量，总价值为 17 亿元。

粮食储备与国家安全

粮食储备是为保证非农业人口的粮食消费需求，调节粮食供求平衡、稳定粮食市场价格、应对重大自然灾害或其他突发事件而建立的一项物资储备制度。常言道："粮食安则天下安。"在全球化的今天，粮食已经不仅是食物，它更是一种战略武器，粮食安全和能源安全、金融安全一起，并称为当今世界的"三大经济安全"。

我国悠久的粮食储备历史

我国历史上的各个朝代都十分重视解决吃饭问题，把它视为治理国家的第一等大事，由此造就了中华民族储备粮食的悠久历史。

早在春秋时期，管仲在齐国担任相国时，就提出了一项治国政策：在粮食过剩、粮价暴跌的时候，国家以较高的价格收购粮食，引导粮价"回升"；等到了粮食短缺、粮价暴涨的时候，国家就以较低的价格抛售粮食，给粮价"降温"。如此，既保障了粮农的利益，又不会让老百姓没钱吃饭。这一做法被后来的朝代继承和改进。

新中国成立后，1955 年，为了应对灾荒等意外情况，我国建立了"甲字粮"，简单来说，就是由中央政府统一管理的特种储备粮油。1962 年，我国又建立了军用的"506 备战粮"。到了 1990 年，随着我国粮食的连续增产，粮农手中的粮食越来越难以卖出，针对这种情况，我国建立了专项粮食储备制度，但是因为储备粮食是由各级地方企业管理的，所以存在储备粮食数量不实、质量没有保证、调动困难等问题。

2000年，我国成立了中储粮公司，中央储备粮实行垂直管理，结束了储备粮管理政企不分的局面，建立起了真正的“大国粮仓”。2003年，我国发布了《中央储备粮管理条例》，确保了储备粮数量真实、质量良好，以及国家在急需时调得动、用得上。

我国的粮食储备能力

2019年10月14日，国务院新闻办公室发布了《中国的粮食安全》白皮书，其中提到我国的粮食储备能力显著增强。其主要体现在以下几个方面。

第一，仓储现代化水平明显提高。2018年，我国规划建设了一批现代化新粮仓，并对一批老粮库进行了维修改造，有效增加了仓容规模，使我国的安全储粮能力持续增强，总体达到了世界较先进水平。

第二，物流能力大幅提升。2017年，我国的粮食物流总量为4.8亿吨，其中跨省物流量为2.3亿吨。强大的粮食物流能力，得益于我国全部打通了粮食物流骨干通道，基本形成了公路、铁路、水路多式联运的格局，粮食物流效率稳步提升。

第三，粮食储备和应急体系逐步健全。我国在大中城市和粮食价格容易波动的地区储备应急成品粮，应急储备、加工和配送体系基本形成，在自然灾害和公共突发事件中起到了重要作用。

粮食储备的重要性

粮食储备究竟有哪些作用呢？虽然随着科技的发展，我国的粮食产量持续提高，水稻、小麦和玉米这三大主粮的自给率常年稳定在95%以上。但是，这并不代表我们就可以高枕无忧了，因为我国是一个人口大国，而且地少人多，如果不进行粮食储备，那么在突发情况之下，我国粮食供给的抗风险能力是很弱的。事实上，储备粮不仅是稳定粮价的“调控粮”、应急救灾的“准备粮”，还是涉及国家战略安全的“保护粮”。

第一，受到产量、气候、政策、贸易环境等多种因素的影响，粮食价格波动较大。如果没有储备粮，这种波动就会不受控制，从而可能导致两种极端情况：一是粮价暴跌，粮农损失惨重；二是粮价暴涨，大量民众买不起粮、吃不起饭。无论是哪种情况，都会导致社会动荡。所以，我们称储备粮是"调控粮"。

第二，我国是一个自然灾害较多的国家，如果没有储备粮，那么当重大自然灾害发生时，受灾地区将会出现粮食紧缺，甚至无粮可吃的情况，人民的生命安全就会受到更严重的威胁，抢险救灾工作也会遇到极大的阻碍。此外，一些突发事件也会影响粮食供应，比如 2019 年年底暴发的新冠肺炎疫情，但是储备粮保障了疫区充足的粮食供应，对维护社会的安全和稳定起到了不可替代的作用。所以，我们称储备粮是"准备粮"。

第三，在我国，粮食安全问题是一个事关国家安全的战略性问题。比如，2005 年，国外资本开始炒作全球粮食紧张，导致国际粮价上涨了三四倍，但是反观中国，粮价只上涨了不到一倍，而原因就在于中国有着数量庞大的储备粮，正所谓"手中有粮，心中不慌"，资本的运作在中国储备粮面前败下阵来。因此我们说，储备粮是"保护粮"。

综上所述，储备粮在维护社会稳定和国际安全方面功不可没，中国的储备粮制度，充分体现了中国的大国实力和大国智慧。

中国粮食产业现状分析

粮食产业是指从原粮生产到成品粮消费过程中，所有与粮食相关的细分产业的集合体，涉及粮食产前、产中、产后的全过程，主要由生产环节、流通环节、消费环节以及提供信息和技术支持的周边服务部门组成，包括粮食种植业、粮食商品流通业、粮食加工业、粮食仓储物流业、粮食装备制造业、粮食科技与信息服务业等部分。

了解粮食产业的概况

从产品结构的角度来看，粮食产业的产品形态有两大类：原粮和成品粮。原粮指的是粮食种植和收获环节的粮食产品；成品粮指的是由原粮加工而成的、符合一定标准的成品粮食。我国的原粮品种主要有水稻、小麦、玉米等，主要满足城乡居民的口粮、饲料用粮、种子用粮和工业用粮等需求。

从市场主体的角度来看，粮食市场的经营主体主要包括粮食生产者、粮食中间商、粮食加工企业和国有粮食系统。在过去，我国粮食市场经营主体主要是国有粮食系统，比较单一，但是随着粮食市场化改革的持续推进，市场主体呈现出多元化的发展趋势，包括集体、私营、外资等多种所有制经济主体。

从市场层级的角度来看，在信息化时代的大背景下，我国粮食产业以国家粮食交易中心为龙头，以批发市场为骨干，以期货市场为先导，逐步形成了传统交易和电子商务、商流和物流、现货和期货、国内市场和国外市场的有机结合与衔接。

粮食产业的一般特点

粮食产业具有资源依赖性、弱质性和外部性三个一般特点。

第一，资源依赖性。粮食产业的这一特性主要体现在以下几个方面：第一个方面，粮食作物的生长离不开土地，其产量和质量，与土地的数量和质量密切相关，土地对粮食生产具有强大的约束力；第二个方面，粮食生产对作物品种、技术、资金、人力等资源也具有高度依赖性。

第二，弱质性。这里的弱质性是指粮食产业在国民经济中处于弱势地位。这是因为，粮食产业是自然再生产和经济再生产相互交织的产业，一方面容易受到自然风险的影响；另一方面也受到市场风险的制约，所以其发展存在较大的不稳定性。

第三，外部性。从某种意义上来说，粮食具有公共属性，因为它既能解决人民的温饱问题，又能确保国家粮食安全，为社会稳定和经济发展提供必要的支撑。基于此，国家会给粮食生产者一定的补贴，并在粮食主产区和主销区之间建立利益平衡机制。

中国粮食产业的现状

由于粮食产业结构不合理、企业缺乏竞争力、供需关系不匹配、科技创新体系不完善等问题日益凸显，加上国际环境错综复杂，从2016年开始，我国相继出台了《粮食行业“十三五”发展规划纲要》《国家粮食局2016年粮食流通改革工作要点和工作方案》等多项政策法规，引导全国粮食行业认真落实国家粮食安全战略，取得了一定的成就。2018年，全国纳入粮食产业经济统计的企业为2.3万户，实现工业总产值3.1万亿元，与2016年相比增长了10.6%。

目前，我国粮食产业的各个环节的协同联动性已经明显提高，促进了粮食产业的深度融合，形成了农村经济新的增长点。以湖南省南县为例，在农村一二三产业融合发展政策的支持下，该县通过一产建基地、二产深加工、三产强配套，打造出了集稻虾米育种、种植、收购、储存、加工、贸易、销售、服务于一体的完整产业链，年产稻虾米 24 万吨，综合产值达 100 亿元，形成了一二三产业融合互动的良好格局。

2017 年，我国启动了优质粮食工程项目，总投资超过 750 亿元。该项目以覆盖全国 31 个省（区、市）的优质粮食工程为载体，紧抓粮食产业核心竞争力，通过延伸产业链、提升价值链、打造供应链等举措，为我国粮食产业的发展打开了新的局面："吉林大米""天府菜油""山西小米""荆楚大地""苏米"等一批粮油品牌迅速崛起，逐步破解了中国优质粮食供给不足的难题。优质粮食工程项目启动以来，我国粮食产业逐渐走上了高质量发展道路，呈现出绿色化、优质化、特色化、品牌化的发展趋势，有力地提高了国家粮食安全水平。

在粮食产后服务体系建设方面，我国整合粮食流通领域的现有资源，建设了一批专业化、经营性粮食产后服务中心，为农民提供清理、干燥、收储、加工、销售及其他延伸服务，有效地推动了借粮减损，有力地促进了农民增收。

粮食加工市场现状分析

粮食加工是指将原粮转化成半成品粮、成品粮，或者将半成品粮转化成成品粮的经营活动。粮食加工业包括大米工业、面粉工业、植物油工业、玉米工业、粮食食品工业、杂粮及薯类工业、饲料工业和粮油机械设备制造业。

新中国成立以来，尤其是改革开放以来，我国的粮食供给实现了从短缺到储备充足的历史性转变。与此同时，我国的粮食加工业也在蓬勃发展，总体上满足了城乡居民的基本生活需求。近年来，我国稳步推进粮食价格形成机制和收储制度的改革，加大了粮食库存消化力度，有效激发了粮食加工业的经济发展活力。

随着人民生活水平的提高，城镇化进程的加快，消费者对粮食的消费需求从追求实惠向追求高品质转变。在这样的大背景下，我国粮食加工市场的竞争已经从成品粮供应量的竞争，逐渐转向了满足消费者多样化、高端化需求的竞争。

我国主要粮食加工行业概述

1. 大米加工行业

脱去稻谷的谷壳和糠层的过程，就是大米加工，所以大米加工又叫稻谷加工。大米是民众日常能量需求的主要来源，不仅是粮油加工体系的重要组成部分，还是保障国家粮食安全的基础环节，拥有广阔的发展前景。经过多年的探索和发展，我国的大米加工行业已经取得了显著的进步，产品结构趋于合理，技术装备水平也有了大幅提升。同时，集约化经营趋势越来越明显，涌现出了一批龙头企业。就行业布局来说，我国的大米加工业主要集中在东北、长江中下游等地区。

未来，随着居民对食品安全重视程度的提升和消费的进一步升级，消费者对优质大米、品牌大米的需求量将继续增大。在这样的趋势下，大米加工企业亟须更新相关设备和工艺，给上游的高技术含量专业工程服务行业供应商带来了更多的机遇。

2. 面粉加工行业

面粉加工，简单来说就是把小麦磨成粉状的过程。面粉加工行业属于传统行业，近几年来，我国的其他行业在走规模化、集团化的发展之路，面粉加工行业也不例外，这一点从面粉企业数量的变化就能看出来：2009 年，我国的面粉企业超过一万家，经过十年的发展，到 2019 年，已经减少到了不足 7000 家。而且，随着规模化和集团化速度的加快，面粉加工行业的竞争会越来越激烈，技术水平低、生产成本高的企业将会被陆续淘汰，我国面粉企业的数量还会继续下降。

在消费需求方面，我国面粉制品中对面粉的需求量位居前列的有面包糕点、方便面、挂面和冷冻食品，其余面粉制品对面粉的需求量相对较低。

3. 玉米加工行业

玉米不仅是食物，也是重要的工业原料，可以加工成数千种工业产品。把玉米加工成食物、饲料等，属于初级加工；而利用物理方法、化学方法和发酵工艺等，把玉米加工成玉米淀粉、玉米蛋白粉、玉米淀粉糖、玉米油、食用酒精、燃料乙醇、木糖醇、化工醇等成品，属于深度加工。玉米深加工产品的用途十分广泛，涵盖了食品、纺织、汽车、医疗、材料等多个领域。由此可见，玉米加工行业的市场潜力巨大、发展前景良好，尤其是用于工业领域的玉米深加工，更是被誉为玉米加工行业中的“朝阳行业”。

粮食加工市场的结构变动

在产业改革和市场开放的大背景下，我国的民营和外资粮食企业比重持续上升，而国有粮食企业的比重趋于下降。基于此，我们有必要了解中国粮食加工业市场结构的演变特点和趋势，下面将从进入壁垒、企业规模、市场集中度和市场主体构成四个方面进行阐述。

1. 进入壁垒

潜在进入企业和新企业，在与已有企业竞争时，可能遇到的种种不利因素，就被称为“进入壁垒”。简单来说，可以理解为企业进入某一新行业所需要承担的额外生产成本，是市场结构的直接反应。

我国加入世界贸易组织后，实施了较过去更加开放的政策，推动了以市场化为取向的粮食流通体制改革，粮食消费需求不断增加，呈现出市场开放度高、政策支持度低的特点，进入壁垒得以降低，使得民营和外资企业踊跃进入我国粮食加工行业。此后，国家大力发展龙头企业、淘汰落后产能，同时提高了企业投资粮食加工行业的要求，进入壁垒有所提高。

2. 企业规模

改革开放以来，我国国有、民营和外资粮食加工企业的规模出现大幅增长，但平均差距大。以 2012 年的数据为例，国有粮食加工企业和外资粮食加工企业的平均规模相差 12.9 倍，其中，国有玉米加工企业和外资玉米加工企业的平均规模相差 2.51 倍，民营植物油加工企业和外资植物油加工企业的平均规模则相差 11.87 倍。

3. 市场集中度

市场集中度又叫行业集中度，是指某行业的相关市场内，前若干家最大的企业所占市场份额，如产值、产量、销售额、销售量、职工人数、资产总额等的总和，是整个行业的市场结构集中程度的测量指标。中国粮食加工业的市场集中度较低，属于竞争型市场结构。

4. 市场主体构成

我国粮食加工市场的主体构成情况如下：一是国有及国有控股企业的市场份额最低，而且呈现出逐年降低的趋势；二是外资进入的程度相对较高，但有逐渐下降的趋势；三是民营企业占有最高的市场份额，并有上升的趋势。

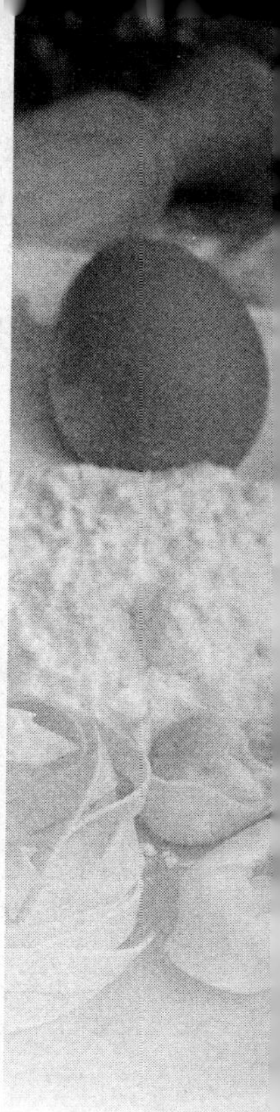

第二章
粮食产业属性与核心竞争力

粮食产业的资源依赖性

粮食产业的资源依赖性是由粮食的生产特点所决定的，主要包括三个方面：第一，对耕地特点和自然环境的依赖；第二，对适合的粮食品种的依赖；第三，对技术与管理的依赖。耕地的质量决定了粮食品种的不同和产量、质量的高低，科学技术和管理模式决定了粮食产业总体水平的高低，也决定着一个国家粮食产业的核心竞争力。

我国耕地质量等级评价

中华人民共和国农业农村部发布《2019 年全国耕地质量等级情况公报》（以下简称《公报》），对全国 20.23 亿亩耕地的质量进行评估，质量最低的为 1 等，质量最高的为 10 等，平均等级为 4.76 等，较 2014 年提升了 0.35 个等级。

《公报》还分析了东北、内蒙古及长城沿线、黄淮海、黄土高原、长江中下游、西南、华南、甘新、青藏九个区域的耕地质量等级情况及影响农业生产的主要障碍，并提出了一系列建议，包括加强农田建设、培肥改良土壤、提升耕地地力等。其中，耕地地力指的是耕地的基础能力，也就是由耕地土壤的地形、地貌条件、成土母质特征、农田基础设施及培肥水平、土壤理化性状等综合构成的耕地生产能力。

耕地质量等级评价是耕地质量建设和管理的一项基础性、长期性和公益性工作，《公报》发布的耕地质量等级调查评价成果意义重大，不仅能够有效指导各地开展高标准农田建设、退化耕地治理、划定永久基本农田、开展耕地占补平衡补充、耕地质量验收等工作，还能加强社会公众对耕地质量保护重要性的认识，营造全社会共同参与耕地质量建设与保护的良好氛围。

气候影响及技术干预

2019 年，联合国政府间气候变化专门委员会在日内瓦发布了《气候变化与土地特别报告》，指出气候变化正在导致荒漠化和土地退化加剧，严重威胁着全球粮食安全，呼吁各国以可持续发展的方式利用土地，减少过度消费和粮食浪费，避免毁坏和焚烧森林，并采取综合措施减少与土地相关的温室气体的排放。

1975 年以后，全球平均气温以每 10 年 0.2℃的速率升高，对我国不同粮食产区产生了不同的影响。在东北地区，由于采取了相应的措施，气候变暖对粮食生产产生了正面影响，主要表现为粮食作物的生长周期变长，使东北地区有了更好的条件种植晚熟高产的玉米和大豆等粮食作物，总的粮食产量增多了。

但是，华北、西北和西南等地区的粮食作物对温度升高的适应性较差，导致增产受到了抑制。这主要是因为温度上升后，这些地区的粮食作物的生长发育速度会变快，生长周期就相应地缩短了，如此一来，总干重和穗重就会减少。此外，华北地区水资源不足，而气候变暖加剧了这种情况，这就导致该区的粮食种植受到了更大的制约。不过，得益于农业投入的增加和农业科技的进步，这些地区的粮食产量并没有明显减少。

总的来说，中国高纬度地区的粮食作物对气候变暖的适应性较强，气候变暖不会在短期内给这些地区的粮食生产带来较大的不利影响；中纬度地区粮食作物的适应性较差，但是投入力度和科技介入可以弥补这一劣势，从而减少气候变暖带来的负面影响；而低纬度地区的温度本来就高，气候变暖无异于火上浇油，因此粮食生产会首先面临严峻的考验。

粮食种植特性与技术管理

1. 稻谷

我国超过 90% 的稻谷集中在淮河、秦岭以南的南方地区。根据自然条件和稻谷栽培制度及品种类型的不同，南方地区可以分为：华南双季稻籼稻区，长江中下游单、双季稻区，云贵高原稻谷区和四川盆地丘陵稻谷区。

（1）华南双季稻籼稻区

该区主要分布在广东省的珠江三角洲、韩江三角洲，福建省的闽江、晋江和九龙江下游河谷盆地，广西壮族自治区的浔江、郁江、贺江、桂江流域，以及台湾西部平原等地，多实行双季稻与冬小麦、冬甘薯或油菜、冬绿肥一年三熟轮作。其中，海南岛东部的万宁、陵水、崖县和北部儋州市是三季连作稻地区。此外，局部地区仍在栽培再生稻、混作稻和旱稻。

（2）长江中下游单、双季稻区

该区主要分布在南岭以北，包括秦岭、淮河以南的 12 个省、市的全部或大部分地区，稻谷的种植面积和产量均占全国的三分之二，是中国最大的稻谷集中产区。

（3）云贵高原稻谷区

该区的稻谷分布垂直变化明显，海拔 1200 米的河谷多种植两季稻，海拔 2000 多米的地区则种植一季粳稻，为中国重要的糯稻产区。

（4）四川盆地丘陵稻谷区

该区主要种植单季中稻，水稻分布上限可达 2400~2500 米，为全国水稻分布的海拔高度较大的地区之一，但双季稻面积不大。

需要指出的是，稻谷在我国北方地区种植较少，其中以东北三省较多，面积约占北方稻区的 40%。

2. 小麦

小麦在我国分布广泛，但以黄淮海平原及长江流域种植最多，可分为冬小麦和春小麦，又以冬小麦为主。具体来说，我国有 14 个省（区、市）种植春小麦，主要分布在长城以北，岷山、大雪山以西地区；长城以南，六盘山以东，秦岭、淮河以北为北方冬麦区，大部分会和玉米、甘薯、高粱、谷子、大豆等轮作，多实行二年三熟，部分一年一熟或一年二熟。

3. 玉米

我国玉米种植区主要有：黑龙江省大兴安岭、辽宁省南部、河北省北部、山西省东南部、陕西省南部、湖北省北部、河南省西部、四川盆地四周，以及贵州省西部、广西壮族自治区西部至云南省西南部等地区。其中，东北和西北地区主要种植一熟春播玉米；黄淮海平原和西南山地混合种植春播、夏播玉米；华北地区通过春播玉米晚熟种实现二年三熟制、通过夏播玉米早熟种实现一年二熟；云南、贵州、四川三省在海拔 300~2500 米的范围内均有种植玉米，在海拔超过 1000 米的地方多为一熟春播晚熟种；长江中下游地区及华南各省区则为春播、夏播、秋播玉米混合区。

4. 高粱、谷子、大豆

这三种粮食作物主要分布在我国北方和东北地区。高粱主要生长在洼涝盐碱地区，如辽宁、吉林、黑龙江三省和华北各省。谷子的耐旱性强，主要分布在黄土高原、黄淮海平原、松辽平原和内蒙古的西部、东南部地区，其中，东北和西北地区主要种植春谷，华北地区主要种植夏谷。大豆主要分布在黑龙江省、吉林省、辽宁省、内蒙古自治区和黄淮海的部分地区。

粮食产业的弱质性与市场风险

无论是传统小农经济还是现代化农业，无论是发展中国家还是发达国家，都要面对粮食产业的弱质性问题。粮食产业的弱质性主要表现在粮食生产周期长、对自然条件的依赖性强、行业技术壁垒低、供需弹性小、市场风险大、投资回报率低等，可以归纳为自然风险和市场风险两个大类，这种双重影响导致粮食产业处于国民经济的弱势地位。

自然灾害对粮食生产的影响

粮食生产对自然环境的依赖性很高，因此一旦发生自然灾害，就会给粮食生产带来沉重的打击。下面以几种常见的自然灾害，来阐述自然灾害对粮食生产的不利影响。

1. 旱灾

在所有自然灾害中，旱灾是对粮食生产破坏最大的一种。其破坏主要表现在影响粮食作物的生长发育、肥料的有效性，增加火灾发生的概率，从而导致粮食减产，引发粮食价格波动，降低粮农的收入，破坏粮食市场的稳定，威胁社会安定和粮食安全。

2. 洪涝灾害

涝灾对粮食生产的破坏性仅次于旱灾，尤其是在南方地区，有的涝灾的破坏性甚至要高于旱灾。涝灾的破坏性主要表现在直接危害和次生灾害两个方面：第一，直接危害，粮食作物如果长时间浸泡在水里，就会导致烂根，甚至颗粒无收；第二，洪涝灾害容易引发泥石流、山体滑坡、病虫害等次生灾害。可以想见，洪涝灾害造成的粮食生产损失是非常大的。

3. 生物灾害

生物灾害，如蝗灾、鼠患等，会直接影响粮食的产量和质量，导致粮食作物大量减产甚至绝收，从而威胁到国家粮食安全。而且，生物灾害会破坏农田的生态安全，对后续的粮食生产十分不利。

除上述以外，风灾、火灾、低温灾害等，也都会给粮食生产带来不同程度的影响，需要引起人们足够的重视。

粮食市场的风险性

粮食市场的风险主要是在粮食生产经营活动中，由于受到价格波动的影响，导致亏损甚至破产的情况。小农经济体受价格波动的影响较小，因为他们可以不出售粮食而自己食用，但是就宏观层面来说，粮食市场的风险不容小觑。

在粮食收储市场化条件下，粮食价格有所波动是正常现象。但是，如果这种波动超出了正常范围，就会产生各种问题。比如，粮价暴涨会造成“米贵伤民”，粮食暴跌会造成“谷贱伤农”。此外，粮价暴涨还会增加粮食加工企业、饲料企业和养殖企业等的生产成本，并带动猪肉、生姜等其他农产品价格上涨。这些情况都十分不利于国计民生和社会稳定，会给国家粮食安全带来巨大威胁。

所以，各国对粮食市场都有基本的调控和安全风控机制，而粮食也一直是国际商品中价格浮动较小的种类。如果价格浮动太大，那么必然会导致国家粮食安全问题。比如，自新冠肺炎疫情暴发以来，国际粮食市场风云变幻，市场风险陡增，我国的粮食价格也受到了一定程度的影响，而且这种影响从期货市场蔓延到了现货市场，东北地区甚至一度出现了抢购玉米、大豆的现象，引发了社会的焦虑与不安。

综上所述，粮食市场的风险事关国家粮食安全，国家应在充分发挥市场在资源配置中的决定性作用的同时，推动有效市场和有为政府的有机结合，确保粮价稳定。

粮食生产的特殊性

对任何国家来说，粮食都是经济发展、社会稳定和国家自立的基础。我国有自己的国情，粮食生产具有自己的特殊性，主要体现在两个方面：一是小农经营是主要的粮食生产方式；二是粮食生产区域布局不平衡。

我国现阶段以小农经济为主

小农经济是自然经济的一种类型，以家庭为单位，以精耕细作、男耕女织为生产方式，以农业和家庭手工业相结合，以满足家庭生活和纳税所需为生产目的，具有分散性、封闭性和自主性的特点，属于劳动密集型经济。但是，小农经济并不完全等同于自然经济，它产生于春秋战国时期铁犁牛耕的背景之下，自然经济则产生于原始社会时期。

小农经济的经营规模通常很小，范围也很窄，且生产条件简单。所以，即使自然条件比较恶劣，小农经济也可以存续。而且，小农经济以家庭为生产和生活单位，很容易通过勤劳和节约来实现生产与消费的平衡。所以，小农经济的稳固性较高。

在我国，小农经济作为一种重要的组织分工形式，已经有了上千年的历史。在工业革命之前，我国历朝历代都推行重农轻商的政策，社会结构以小农经济为主。目前，我国粮食生产的主要方式也是小农经营。我国的小农经济有自己的特点，是社会主义的小农经济，这主要体现在两个方面：一是作为生产资料的土地集体所有制形式；二是“统分结合，双层经营”，即家庭分散经营与集体统一的社会化服务相结合的经营模式。

我国长期面临人多地少、资源匮乏的人地关系问题，大量农村剩余劳动力不能顺利向外转移，在这种情况下，小农经济为解决农村剩余劳动力的就业问题作出了重要贡献。但与此同时，我们也应该看到小农经济带来了粮食生产集约程度低、产业化程度低等问题，成为我国粮食生产的制约因素。当然，随着我国土地流转的加速，以及新型粮食经营主体，如家庭农场、种粮大户等的发展壮大，我国的粮食生产必将在未来打破制约，迎来新的发展机遇。

粮食生产区域布局不平衡

改革开放以来，我国粮食的供需状况实现了从长期短缺到总量平衡、丰年有余的历史性转变。但是，随着工业化和城市化进程的加速推进，我国粮食生产区域布局发生了明显的变化，主要体现在粮食生产区域持续由南方向北方转移，由东部和西部逐渐向中部推进。这种变化的结果是东北区和黄淮海区成了全国粮食增长中心，东南沿海地区的粮食生产则以较快的速度萎缩，呈现出粮食主产区边界明显缩小，以及粮食生产相近省域的空间集聚程度不断增加两大趋势。下面以几种主要作物为例进行说明。

1. 东部地区的稻谷生产集中度呈持续下降的状态，其中广东省和浙江省的下降幅度最大。与此同时，中部地区的稻谷生产集中度逐年上升，东北地区，如黑龙江省的稻谷生产集中度上升最快。

2. 小麦是与稻谷比肩的重要粮食作物，在我国，除了海南省外，其余各省（区、市）都有种植小麦，但是不同区域的生产集中度差异明显。其中，东部地区的小麦生产集中度变化呈现波动平缓、略有下降的状态；中部地区的小麦生产集中度上升很快，其中以河南省、安徽省等较为突出；西部地区的小麦生产集中度则呈现出下降的趋势，下降幅度较大的有四川省、陕西省等。

3. 玉米产区逐渐向东北地区和中部地区集中，其中比较突出的是黑龙江省和吉林省。但是，东部地区的玉米生产集中度明显下降，西部地区则处于缓慢下行的状态。

粮食流通的特殊性

根据《粮食流通管理条例》的规定，粮食流通指的是在我国境内从事的粮食收购、储存、运输、加工、销售和进出口等经营活动。近年来，随着市场经济体制的建成和粮食流通体制市场化的稳步推进，为了提高粮食流通的效率，降低粮食流通的成本，国家已经不再直接干预粮食流通，而是致力于发展先进技术，建立健全相关的法律法规，同时建立了一批大型现代化粮食流通集团，实现国家的宏观调控，助力粮食流通领域的健康发展。

经过多年的努力，我国的粮食产量不断增长，为我国的粮食安全提供了重要保障。但是，想要促进粮食产业健康、快速地发展，还要重视对粮食流通的管理。我国的粮食流通有自己的特殊性，分别是政府宏观调控与市场导向相结合、粮食产业主体缺乏竞争力。

宏观调控与市场导向相结合

一方面，我国粮食产业长期存在生产与流通“泾渭分明”的情况，粮食种植业被归为生产部门，粮食的收购、储存、运输、加工、销售、进出口等产业则被归为粮食流通部门。这就导致我国粮食产业的上下游不能形成一个统一的整体，阻碍了粮食产业的发展。

另一方面，随着我国粮食产业的快速发展，我国粮食流通体制也从过去高度集权的统购统销体制，转变成了以市场为导向的市场经济体制。但是，出于对国家粮食安全的考虑，我国政府并没有完全放弃对粮食流通体制的宏观调控，相较于美国以及部分欧洲国家而言，政府宏观调控在粮食物流领域起到的作用依然显著，因此，前者的粮食流通市场效率更高。

为了平衡好粮食安全和粮食流通市场效率之间的关系，目前，我国在保障粮食安全的前提下，正在有计划地减少对粮食流通的直接干预，创新完善对粮食流通的宏观把控，主要有四个方面的工作：第一，加强政府储备管理，推动中央储备粮和地方储备粮协调运作；第二，完善调控载体方式，选择一批骨干企业纳入粮食市场调控体系；第三，健全粮食产销合作机制，实现粮食流通合理有序、高效顺畅；第四，强化粮食统计和信息预警监测，及时发现问题并提出有针对性和可操作性的措施及建议。

粮食产业主体缺乏竞争力

随着全球化时代的到来和我国改革开放进程的加快，外资正在加速进入我国的粮食产业，为粮食产业注入了更多的不确定性和多变性。目前，粮食企业之间的竞争已经转变成了粮食产业链和价值链之间的竞争。粮食产业链是以大企业为核心的，而我国缺乏具有强大国际竞争力的粮食企业集团，导致粮食的收购、储存、运输、加工、销售等环节难以实现高效衔接。

针对这一特殊性，我国采取的主要措施包括：第一，坚持质量第一和效益优先，帮助一批有带动作用的、创新能力强的龙头企业和骨干企业优化升级、做强做大；第二，创新粮食产品，鼓励发展绿色、优质的粮食产品，丰富产品种类；第三，创新业态，加强粮食的包装、仓储、物流、营销等环节，依托互联网发展粮食电子商务；第四，加快粮食企业改革发展，帮助企业走出当地、走出国门；第五，加大政策扶持力度，助力粮食物流企业的健康发展。

粮食消费的特殊性

我国粮食消费用途主要有四大类，分别是食用消费、饲料消费、工业消费和种子消费。近年来，我国粮食生产力稳步提升，粮食消费水平也在持续提高。从消费用途结构来看，随着我国人民饮食习惯的改变，食用消费呈下降趋势，相反，饲料消费和工业消费的占比正在上升，种子消费占比较少。在上述大背景下，我国粮食消费存在三个特殊性：产需品种不平衡、产需品质不平衡和消费的战略意义。

粮食产需品种不平衡

虽然我国粮食已连续多年实现增产，产需总量趋于均衡。但是，我国粮食存在库存品种结构和粮食消费需求结构不平衡的问题。以玉米为例进行说明，2019 年，我国玉米总产量约为 24000 万吨，消费需求量却超过 30000 万吨，产需差额在 6000 万吨以上。

上述情况之所以会发生，主要有两个方面的原因：一方面，我国粮食生产的地域差异比较明显，粮食品种生产相对集中；另一方面，随着人民生活水平的提高和人口流动性的增加，人民的粮食消费需求呈现出多样化的发展趋势。这就导致粮食供需衔接不畅，某个地区生产的粮食品种往往不能满足当地人民多样化的消费需求。

想要解决这个问题，需要抓好以下三个措施：第一，改革完善粮食收储制度，在保障粮农利益的同时，抓好市场化收购，健全运力协调、产销衔接等机制，引导粮农关注市场需求，灵活调整粮食品种；第二，有重点、有计划地消化不合理粮食库存，比如稻谷库存多，为了避免超期储存，造成稻谷质量退化，就要在确保市场总体平稳的前提下，采取“宜早则早，宜快则快”的消化措施；第三，创新完善粮食宏观调控，不断增强宏观调控的前瞻性、精准性和时效性。

粮食产需品质不平衡

在过去粮食短缺的大背景下，我国对粮食的生产、收购、储存、加工、销售等各个环节的要求更侧重于数量，而不是质量。但是现在，我国已经基本解决了温饱问题，人民的消费水平不断提高，对粮食的需求从“吃得饱”逐渐向“吃得好”转变，这就与高端粮食产量较低的现状之间产生了尖锐的矛盾。比如，在我国产出的稻谷、小麦、玉米中，高端品种的占比都比较低，人民的高端粮食消费需求有相当一部分是依靠进口来满足的。与此同时，我国的低端粮食品种也存在需求不足、产量过剩的问题。

综上所述，粮食消费提档升级、优化粮食产品供给，以及加速推动粮食生产从总量扩张向质量提升的转变，已经势在必行。因此，在质量上，我国更加注重粮食的绿色有机和安全营养，扶持特色品种、精深加工产品和中高端粮食产品，以满足人民对“吃得健康”“吃得营养”的需求；在供给服务上，则更加注重便捷化和精细化，将网络购物、定制服务等消费模式有机结合起来，刺激更多新的粮食产品出现在市场上；在总体上，要突出产业链、创新链和价值链的“三链协同”，推动粮食产业快速高效地实现创新发展和转型升级。

粮食消费的战略意义

粮食是一种重要的战略物资，因此，粮食消费也具有特殊的战略意义。我国是一个人口大国，粮食消费的战略意义较其他国家来说更为突出，这主要是由我国的粮食消费总量庞大所决定的。

随着我国人口总数的不断增长，人民生活水平的不断提高，以及饲料用粮、工业用粮和种子用粮的数量不断增长，再加上在流通环节会不可避免地产生一定的损耗，因此，我国每年的粮食消费和消耗总量都是非常庞大的，在这种情况下，如果出现价格暴涨或暴跌、供给不足等问题，后果将是非常严重的。

美国的粮食产业

美国的全称是“美利坚合众国”，主体部分位于北美洲中部，是当今世界上农业现代化程度最高的国家，早在19世纪就已经在政府的推动下步入了现代化进程。经过长时间的发展，美国农业已经成为美国竞争力最强的优势产业之一。在这样的大背景下，美国粮食产业的发展也如日中天。了解美国粮食产业的优势和弊端，对我国粮食产业的发展有重要的借鉴意义。

美国粮食产业有哪些优势

优势一：得天独厚的地理条件。美国境内有面积宽阔的平原，气候适宜，而且地广人稀，非常适合使用大型机械进行作业，因此能够有效地提高生产力、降低生产成本，这是美国发展现代化、机械化农业的天然优势，而这一优势又为美国成为粮食生产大国奠定了雄厚的基础。

优势二：规模化、产业化、区域化。从规模化来说，美国粮食产业采用的是家庭农场式的经营管理模式，农场规模大。从产业化来说，美国的粮食产业高度融合了生物学、地理学、气象学、生态学等科学门类，以及粮食生产、工业制造、商品流通、信息服务等产业，形成了产前、产中和产后各环节紧密衔接的完备的产业体系。从区域化来说，美国因地制宜建立了许多特色产业带，比如，北部地区的地形、土质和气候都非常适合小麦生长，于是美国在这里建立了“小麦带”，此外还有“玉米带”“综合农业带”等。产业带的建立，在机械化的基础上进一步降低了生产成本，提高了生产效率。

优势三：健全的法律法规。美国出台了一百多部用于保护和支持农业发展的法律法规，涉及农业市场、农产品贸易、农业信贷、农村发展、农产品价格保护、病虫害防治等各个方面，从制度层面给予了粮食产业有力的保障，为粮食产业的发展奠定了坚实的制度基础。

优势四：完善的配套设施和服务体系。美国制定了一系列粮食产业保护政策，涉及价格支持、财政补贴、对外贸易等多个方面。比如，美国相关部门每年都会对大米、小麦、玉米等粮食产品的市场需求情况进行调研，结合实际情况给予粮农一定的补贴。此外，美国还成立了农产品信贷公司、健全了农业保险体系，给粮食产业提供资金支持，帮助粮农规避生产风险。

优势五：科技化程度高。美国十分重视科技对粮食产业的支撑作用，为粮食产业的发展提供了有力的智力支持。具体来说，主要包括科技投入和教育投入两个方面，前者有力推动了粮食产品科技含量和粮食产业现代化水平的提升，后者则促进了粮食产业领域的科技创新、推广与应用。

美国粮食产业的劣势

美国粮食生产高效率、低成本的背后，是以石油、钢铁、化肥和农药的高消耗为代价的，这就导致了几个问题：第一，化肥和农药的大量使用，破坏了土壤，造成生态系统退化和严重的环境污染，而环境的恶化会反过来影响粮食作物的产量，于是人们不得不使用更多的化肥和农药，由此形成恶性循环；第二，大规模粮食产业带的建立，让种植单一化，因此增加了粮食作物患病虫害的概率，病虫害严重时，粮农即使是使用农药也无济于事。

此外，美国对包括粮农在内的广大农民实行高额补贴，是对全球粮食安全的严重威胁。这是因为，高补贴会刺激粮农大量生产粮食，导致粮食过剩，粮农不得不低价倾销粮食，从而遭受一定程度的损失。而更重要的是，这种倾销会直接或间接损害发展中国家粮农的经济利益，削弱发展中国家的粮食生产能力，从而引发粮价动荡，威胁全球粮食安全。

总的来说，美国粮食产业走的是“高投入，高产出”的道路，虽然能在短期内收获明显成效，但是从长远来看，于人于己都是弊大于利的。我国的粮食产业想要快速、健康地发展，可以部分借鉴美国粮食产业的积极做法，规避消极做法。

英国的粮食产业

英国的全称是“大不列颠及北爱尔兰联合王国”，本土位于欧洲西部，是最早的资本主义国家之一，在历史上相当长的一段时间里，它在全球范围内进行残酷、血腥的殖民掠夺，成为当时世界上最大的殖民帝国。1914 年，英国的殖民地面积比本土面积大 111 倍。第一次世界大战后，英国开始衰落，世界霸主的地位开始动摇。到第二次世界大战后，随着殖民体系的瓦解，英国的经济实力有所削弱，但是，就目前而言，英国仍然位列西方七大经济强国之一，其垄断资本的经济实力仍然十分雄厚。

英国农业有哪些特点

特点一：农业具有明显的集约化、机械化特征，生产效率非常可观，全国 1% 的劳动力所生产的农产品，能够满足全国 60% 的农产品需求。

特点二：具有适合发展畜牧业的地理条件，从气候来看，英国纬度较高，属于温带海洋性气候，降雨充沛，冬暖夏凉，季节性温差小；从地形来看，英国平原面积较广，拥有约 1100 万公顷永久性牧场和约 600 万公顷耕地。就品种来说，英国的农作物主要包括谷物、马铃薯、蔬菜以及牛、羊、禽、鱼类等。虽然英国农业中的畜牧业占比较大，但东部地区非常适合种植粮食作物。

特点三：高投入和高产出。据统计，20 世纪 90 年代初期，英国农业投入金额达 65 亿英镑，超过了当年农业的总产值。总的来说，英国农业的高投入主要是资金投入，而不是劳动投入，体现出资金密集型农业的特点。

特点四：农民职业化。英国农民以农场主和农场经理人为主，他们多数是经过培训且有职业资格证书的职业农民。据了解，一名农场经理人的年收入为 5 万 ~6 万英镑，在英国属于中高收入水平。农民职业化有效提高了农业劳动力素质，有利于促进农业发展。

英国粮食作物概况

英国主要的粮食作物是小麦和大麦。其中，产出的饲料小麦主要用于动物饲料或国内酿酒产业，研磨小麦主要用来制作面粉。英国的小麦单位面积产量曾经位居世界第一，平均为 8 吨 / 公顷，有的地区能达到 10 吨 / 公顷，英国小麦产量不仅可以满足国内的消费需求，还能部分出口。但是，随着小麦播种面积的减少，以及受到秋季降雨过量、春季遭受干旱等原因的影响，英国近年来的小麦产量呈下滑趋势，再加上国内酿酒和饲料领域对小麦的需求量增多，所以英国开始从加拿大、德国等国进口小麦。在过去，英国产出的大麦也可以实现自给，还有余粮可供出口，但是在 2018 年，大麦的产量也出现了下滑。

英国粮食产业的发展历史

英国的粮食产业经历了一个从先进到衰退，再到恢复发展、实现现代化的过程。第二次世界大战后，英国农业衰退，为了扭转这一局面，英国在 1947 年出台了第一部农业法。此后，英国又陆续颁布了一系列保护农业、促进农业发展的法律法规，成效显著。在这样的大环境下，英国的粮食产业也迎来了春天。

2020 年，英国正式推出新的农业法案，要求进一步推动英国农业的发展，最大限度地开发土地粮食生产的潜力。但法案同时指出，英国不能以破坏环境为代价实现粮食增产，而要引导包括粮农在内的广大农民按照世界最高标准产出健康的食物。基于此，英国将采取一系列措施推动农业生产的转型。比如：对采用创新性的现代化粮食生产方式的农民给予奖励；提高粮食供应链的透明性和公平性；投资新技术，保持英国粮食生产的竞争力和创造力；加大对清洁空气、无污染水土等方面的基础投资力度，为英国的粮食安全提供保障；等等。但是，受到气候变化、新冠肺炎疫情的影响，这部法案的效果如何，还需要时间来检验。

法国的粮食产业

法国的全称是“法兰西共和国”，本土位于西欧，是欧洲面积第三大的国家。法国是一个农业强国，虽然它的耕地面积不是特别大，但粮食产量占欧洲粮食产量的三分之一，是世界上仅次于美国的第二大农产品出口国和欧洲第一农业大国，被誉为“欧洲的粮仓”。

法国发展农业有哪些优势

优势一：自然条件优越。在地形方面，法国地势平坦，境内的地形以平原为主；在气候方面，法国的西部为温带海洋性气候，南部沿海为地中海气候，大部分地区全年降雨均衡。广阔的耕地和适宜的气候，为法国农业生产和农业发展提供了得天独厚的基础条件。

优势二：现代化农业生产体系。早在 20 世纪 60 年代，法国农业就初步实现了机械化。发展到今天，法国农业种植和加工等环节的机械化程度已经很高，而且农业机械不断朝着智能化、高效化的方向发展。此外，法国政府非常重视对农民进行相关技术培训，促进了农业新技术的推广和普及，形成了一套完整的现代化农业生产体系，成为法国农业发展的重要助推力。

优势三：农产品合理布局。法国政府根据不同区域的不同特点，因地制宜地布局农业生产类别，既能最大限度地提高农业生产效率，又能规避农产品产需品种不平衡的问题。

优势四：惠农政策的制定和实施。20世纪60年代，法国颁布了《农业指导法》，后来根据农业发展情况进行适时调整，如今已成为一部涵盖保护农民权益、保障农民的社会福利、改善农业生产条件、优惠贷款、助农补贴、粮价保护、农业保险等一系列扶农助农政策的法律。

优势五：推动农业经营模式化改造。法国农业最初也是由小农经济发展而来的，农业生产直到现在依旧以家庭化经营模式居多。为了推进农业现代化，法国出台了鼓励发展中小型家庭农场，同时抑制小规模农户经营的政策。此后，法国农场的经营规模逐渐变大，而小规模农户的数量逐渐减少，有力推动了农业经营模式的现代化改造。

其实，法国的农业也经历了从弱到强的发展过程，在20世纪50年代以前，法国的农业还是以小农经济为主，产出的粮食甚至无法自给自足。在第二次世界大战之后，法国开始充分利用优越的地理条件，同时大力推行机械化和规模化，才逐渐探索出了一条适合本国国情的农业发展模式，实现了从小农经济到现代农业的转变，发展成了名副其实的农业强国。法国农业的快速发展，尤其是粮食生产领域的发展，对我国实现规模化经营有很大的借鉴意义。

我国可以借鉴的经验

经验一：积极推进粮食机械化生产。粮食作物的耕作和收获的时间比较集中，我国目前主要的粮食生产以小农经济为主，而农业劳动力多为留守老人和妇女，这就导致抢种和抢收较为困难。在这种情况下，我们可以借鉴法国的做法，根据不同地区的自然条件和技术条件，有针对性地提高粮食生产的机械化水平，如半人力式水稻插秧、玉米收割机械、小麦施肥播种机等，这样能够有效减轻粮农的负担，提高生产效率。

经验二：建立合理的土地流转机制。小农经济是制约我国粮食产业发展的一大因素，因此，我们可以借鉴法国的经验，采取多种措施鼓励土地集中，将小块土地整合为规模化农田，从而引导小农经济向规模化经营转变。

经验三：完善粮食购销体系。划定粮食最低收购价，可以有效保障粮农的利益，同时确保国家有足够的粮食储备。中国储备粮管理总公司是中国粮食托市收购的执行主体，但是由于存在人力、运输、存储等方面的问题，导致工作滞后，所以在丰收季节，即粮食出售的高峰期，粮农更愿意把粮食出售给上门收购的商贩。对此，我国可以参考法国的做法，发展粮食收购合作社，同时保障粮农、粮食加工企业和消费者的利益。

经验四：完善和健全农业保险制度。粮食生产受自然风险影响较大，一旦遭遇洪涝、旱灾、寒潮、病虫害等自然灾害，就可能损失惨重，甚至颗粒无收。针对这种情况，我国可以向法国学习，完善和健全农业保险制度，做到粮食作物保险全覆盖，提高补助标准，分担粮农的风险压力，让粮农没有后顾之忧，从而提高粮农从事粮食产业的积极性。

经验五：加强对粮食产业的科技投入与推广。近年来，我国的农业科技发展迅速，粮食产业受益良多，但同时也存在科技转化率低、农业科技资源配置失衡等问题，造成农业科技成果与实际生产脱节。因此，中国可以学习法国的成功经验，加强对粮食产业的科技投入，并通过技术人员下沉、组织粮农学习相关知识和技术等措施，将农业科技成果切实转化为基层生产力。

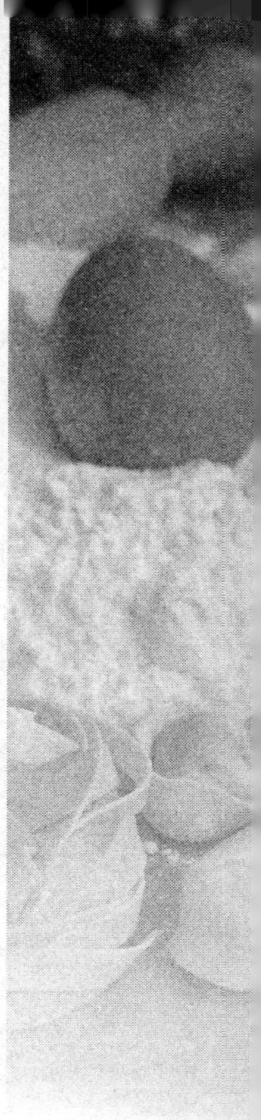

第三章
制约中国粮食增产的因素

耕地被挤压及生态失衡问题

粮食生产离不开耕地，我国是一个人口大国，对耕地的依赖度很高，如果想实现粮食增产，就必然要对耕地提出更高的要求。换句话说，粮食增产必须以耕地为依托。但是，由于人口众多，且正处于高速发展的阶段，所以虽然划定了“18 亿亩”这条耕地“红线”，但耕地面积依然在不断减少，农业生态的失衡也给粮食生产带来了负面影响，成为制约我国粮食增产的重要因素。

耕地资源减少的原因和危害

我国耕地资源减少不是某一个原因导致的，而是多种原因共同作用的结果。主要有以下六点。

第一，国家建设占用耕地。我国正处在经济高速发展的时期，大力推进各类基础设施建设，如公路、铁路、居住建筑和办公商用建筑等，从而导致大量城郊优质耕地被占用。

第二，农村宅基地占用耕地。中国农村人口具有数量多、居住分散的特点，而且，农村存在集体经济组织不健全、产权关系不明确等问题，导致宅基地的审批缺乏严格监管，导致农村宅基地数量逐年上升，不可避免地侵占了大量耕地。

第三，建设开发区占用耕地。在我国城市化进程加速推进的大背景下，很多地区盲目设立开发区，这样一来就势必会占用大量耕地，而结果往往是开发区被闲置，土地利用率极低，造成了耕地资源的严重浪费。

第四，环境问题。虽然我国推行可持续发展理念，但是在社会经济高速发展的情况下，环境还是会受到一定程度的破坏。其中，土地荒漠化、水土流失等问题，会导致耕地的肥力下降、地力衰竭，导致我国减少了很多可耕地面积。

第五，受自然条件的影响，我国一些地方干旱缺水，不适合进行农业生产，导致大量耕地荒芜，虽然这部分耕地的面积没有减少，但是利用率极低，也是我国耕地资源的一大损失。

第六，为了保护自然环境，维持生态平衡，我国推行退耕还林、退耕还草等政策，这一系列举措不仅减少了耕地面积，还减少了我国可开发利用的后备耕地资源。

我国耕地面积只占全球总耕地面积的7%，但是我国的人口占世界总人口的20%。这就意味着，如果耕地资源继续逐年减少，将会引发一系列严重的问题。

问题一：导致粮食危机。如果耕地逐年递减的情况得不到控制，那么我国的粮食供应就会因为耕地不足而受到影响，人均粮食占有量也会相应地减少。到了那时，我国就需要大量从国外进口粮食，这对我国的社会经济发展是非常不利的，严重的话可能会导致经济衰退。

问题二：贫富差距加大。随着耕地的持续减少，无地可种的农民会越来越多，为了维持生计，他们只能选择去城市打工。但是，因为缺乏文化知识，所以他们大多只能在底层求生存，用体力和时间换取微薄的薪水。如此一来，贫富差距就会不可避免地增大，进而威胁到社会稳定。

问题三：社会结构失衡。中华民族很早就明白“民以食为天”的道理，农业是固国之基、兴邦之本。但是，耕地面积的减少会导致农业生产资料不足、农业从业人员减少等一系列问题，从而影响整个社会的发展平衡。

综上所述，保护耕地已经迫在眉睫。为此，我国在 2019 年第四次修改、完善了土地管理法，将基本农田上升为永久基本农田，实行永久性保护，不得以任何方式挪作他用。此外，《中华人民共和国民法典》的出台，丰富并完善了我国的物权保护体系，完善了农村集体产权保护制度。

农业生态的主要问题和对策

农业生态环境是粮食生产的重要基础条件，但是几年来，我国的农业生态环境出现了一系列问题，破坏了农业生态平衡。主要问题如下。

第一，资源退化。我国在发展过程中，存在不少掠夺式开发的现象，导致植被被破坏，从而引起水土流失、土地荒漠化等问题。与此同时，不合理排灌又引发了次生盐碱化、土壤肥力下降等后果。因此，我国农业生态环境存在严重的资源退化问题，不仅会影响农作物的产量和品质，还会威胁我们自己的生存与发展。

第二，优质资源损失严重。这里的优质资源包括优质耕地、林地、湖泊、草地等，对这些资源的不合理开发利用，会造成严重的资源损失，导致农产品产量下降。不仅如此，在消费者的需求日益增长的刺激下，农业从业人员为了提高产量，会掠夺更多的资源，从而形成恶性循环。

第三，农业生态环境污染。我国的农业生态环境污染，主要是因为农药和化肥被不合理地大量使用，导致土壤、灌溉水源和农作物都受到污染，土地质量下降，食品安全也失去了保障。同时，大量使用农药和化肥会消灭环境中的有益生物，导致病虫害越来越多，人们不得不使用更多的化肥和农药，又是一个恶性循环。

第四，城市工业污染和农村生活污染。一些城市的生活垃圾、建筑废渣、工业污水和农村的生活垃圾被随意倾倒在农田附近，这样也会严重破坏农业生态环境，给农业生产带来极为不利的影响。

上述问题严重制约了我国农业的发展，粮食产业也不能独善其身。因此，我们应及时采取有效措施，合理利用和保护农业生态资源，因地制宜发展大农业，创新农业科学技术，减少对农药和化肥的依赖，严格控制并逐步消除工业污染和生活垃圾污染，这样才能实现农业生态的可持续发展，打破粮食增产的障碍，更好地保障国家粮食安全。

供求不合理及优质品种短缺问题

袁隆平院士说过：“一粒粮食可以拯救一个国家，也可以绊倒一个国家。”对任何国家来说，粮食问题都是关乎国计民生和国家粮食安全的重要问题。当前，虽然我国的储备粮食已经远超联合国粮食及农业组织划定的17%~18%的安全储备率，但是存在供求不合理的问题。此外，由于我国人口基数众多，所以在粮食产业上，长期侧重于提高产量而非质量，这就导致我国粮食产业还存在优质品种短缺的问题。如今，供求不合理和优质品种的短缺，已经成为制约我国粮食增产的重要因素。

我国粮食供求不合理的表现

表现一：粮食供求处于“紧平衡”。“紧平衡”指的是粮食的供应量和需求量在短期内大体处于平衡状态，但剩余不多，不能保证时时刻刻都供应充足。党的十八大以来，我国的粮食产量稳步提升。据统计，自2010年以后，我国人均粮食占有量持续高于世界平均水平，而且稻谷、小麦和玉米三大主粮的国内自给率平均超过97%。从这组数据来看，我国的粮食安全得到了有力的保障。但是，随着人民生活水平的提高，我国粮食增产的速度追不上粮食消费量的增长速度，这就导致我国的粮食生产长期处于“紧平衡”的状态。

表现二：供求结构不合理。我国是粮食生产大国，粮食连年实现增产，但是受到地理条件的制约，我国的粮食品种结构不合理，从而导致了供求结构的不合理。一方面，稻谷、玉米和小麦的产量大于需求量，造成库存积压；另一方面，大豆、油菜籽的产量远小于需求量，不得不大量进口。

表现三：区域性供求矛盾突出。据统计，2020年，我国13个粮食主产区的粮食产量占全国粮食总产量的78.55%，而7个粮食主销区的粮食产量只占比4.3%；同时，13个粮食主产省中只有6个是净调出省，11个产销平衡省中有9个的平均自给率只有58%，7个主销省的粮食平均自给率更是低到了24%。由这组数据可知，我国粮食主产区和主销区的不平衡性十分明显，导致区域性供求矛盾突出，不仅增加了主产区的增产压力，而且在流通和储备等环节需要投入更多的成本。

综上所述，现阶段我国的粮食供求矛盾主要是：消费需求的日益增长和产量增速缓慢之间的矛盾，部分品种产大于需和部分品种需大于产之间的矛盾，以及主产区和主销区之间的矛盾。对此，我们不能掉以轻心，须知粮食安全是关系到社会稳定和国家自立的重要问题，正如党的十九大报告指出：要“确保国家粮食安全，把中国人的饭碗牢牢端在自己手中”。

优质品种短缺的问题

在过去粮食短缺的年代，我国亟须解决的问题是让人民“吃得饱”。改革开放以来，我国经济飞速发展，粮食连年增收。目前，人民的温饱问题已经基本解决，人民的生活水平大幅提升，于是新的需求出现了，即吃得营养、吃得健康。在这样的大背景下，优质粮食品种不足的问题就凸显了出来，我国对优质粮的需求有相当一部分依赖进口。为了满足人民的新需求，更高层次地保障国家粮食安全，我国采取了一系列措施。

措施一：打造“五优联动”。产业强则粮食安，只有打造出种植、收购、仓储、加工和销售五大主体环节高效衔接的完整、强韧的粮食产业链，我国的粮食安全才能实现从数量安全到质量安全跨越，才能生产出能够满足消费者新需求的粮食产品。2017 年，我国启动优质粮食工程以来，深入推进以“优粮优产、优粮优购、优粮优储、优粮优加、优粮优销”为内涵的“五优联动”，在农民增收、企业增效、粮食提质等方面取得了显著成效。

措施二：推动“三链协同”。“三链协同”指的是通过延伸粮食产业链、提升价值链和打造供应链，打造出一个全程优质、全链提升的粮食产业集群，构建“大粮食”“大产业”格局，引导粮农“种好粮”，帮助粮农“卖好价”，在补齐我国优质粮食产品短板的同时，更好地带动粮农脱贫增收。

措施三：实施“六大行动”。包括粮食绿色仓储提升行动、粮食品种品质品牌提升行动、粮食质量追溯提升行动、粮食机械装备提升行动、粮食应急保障能力提升行动、粮食节约减损健康消费提升行动，以逐步实现政府储备粮食绿色仓储全覆盖，让好粮食可以卖出好价钱，打造“中国好粮油”金字招牌，完善粮食质量检测、监管体系，推动粮食机械装备和加工工艺的科技创新和转型升级，健全省市县粮食应急保障网络，让爱粮节粮的美德深入民心。总而言之，“六大行动”涵盖了产、购、储、加、销等各个环节，是打造“五优联动”和推动“三链协同”的重要依托。

粮食产业链不健全问题

从产品形成的角度来说，一些专家认为产业链指的是围绕核心企业，通过对信息流、物流和资金流的控制，从采购原材料开始，制成中间产品以及最终产品，最后由销售网络把产品送到消费者手中的，将供应商、制造商、分销商、零售商，直到最终用户连成一个整体的功能网链结构模式。而从产业关联的角度来说，有专家认为产业链的实质就是产业关联，即各产业相互之间的供给和需求、投入与产出的关系。具体到粮食领域，粮食产业链由粮食生产、粮食收储、粮食加工和粮食销售四个核心环节组成，每个环节又涉及不同的子环节和组织载体。

目前，我国粮食综合生产能力较过去有了大幅提高，结束了总产量低、供给不足的时代，呈现出蒸蒸日上的繁荣局面。这样的大环境既为粮食产业经济的进一步发展提供了良好条件，又能推动粮食产业链的延伸和优化。一般来说，粮食产业经济越发达，其产业链就越完善，粮食安全就越有保障。但是，就目前而言，我国粮食产业链还不够健全，存在产业结构不合理、产能利用率低等问题，导致精深加工产品少、创新投入不足、产品附加值低。所以，我国粮食产业想要得到质的提升，还需要着力解决当下产业链不健全的问题。

从生产环节夯实产业基础

粮食生产是粮食产业链的上游环节，是整个产业链的基础。针对这个环节，我国积极推行“藏粮于地、藏粮于技”，通过四个主要措施，在数量上给粮食安全提供保障。

1. 加大对粮食生产的技术研发、水利建设及相关服务的投入力度，提高农业用水的利用效率，在此基础上集中建设一批产量高且稳定、对环境影响小、能够旱涝保收的高标准农田。

2. 通过创新现代食品加工和粮食收储运技术与装备，以及推广粮食质量标准体系和检验检测技术等措施，力求在粮食生长、水肥利用、现代流通、质量控制、绿色消费和智能装备等方面实现新突破，建立起现代化、科技化的粮食产业链。

3. 加大对粮食育种方面的科技投入，提高粮食育种的研发能力和扩繁能力，通过启动新品种选育、稳产高产等科技示范工程，尽快培育出拥有国内自主知识产权的优质粮食新品种。

4. 通过构建“互联网 + 粮食”信息化体系、实施粮食科技成果转化行动等举措，提高粮食生产的规模化、组织化程度，建立健全现代农业服务体系，如重要粮食作物的病虫害、气象灾害等的预警、预报和监控体系，为粮食作物的生长发育保驾护航。

优化结构，调整区域布局

未来，我国将在确保国家粮食安全的基础上，以市场需求变化为向导，以增加多元化、定制化、个性化粮食产品供给为主要目标，实现粮食产业从“重数量”到“重绿色”的提升。主要措施有以下三种。

1. 重点发展优质水稻、强筋小麦、高品质大豆等优质粮食产品，扶持创建知名粮食品牌，推动消费结构的升级。

2. 综合考虑经济、资源、环境和生态等因素，为不同的粮食生产区量身定制发展方向和发展重点，构建科学合理的粮食生产生态发展区域布局。

3. 全面加强生产条件建设，优化粮食品种结构，提升粮食品质，引导粮食产业向规模化、机械化、产业化、标准化和服务社会化的方向发展。

提高粮食流通效率

粮食流通的效率提升了，粮食产业各环节的衔接就能更加流畅，从而为健全粮食产业链创造良好的环境。对此，我国采取的主要措施包括以下四种。

1. 结合我国各地经济发展的特点和未来发展趋势，以及粮食供需等因素，合理安排各地区的年度土地利用计划和指标，争取在国土资源供给和粮食需求之间达到平衡。

2. 进一步完善粮食收储制度，推行"优质优价"，提高粮农种植优质粮食作物的积极性。

3. 重点发展一批大型粮食企业，通过兼并重组、强强联合、多边合作，促进国内和国际粮食生产流通的有序和通畅。

4. 引导国内从事粮食生产、购销和加工等环节的大型企业，采用"公司 + 基地 + 合作社 + 农户"的经营模式。

积极参与国际粮食贸易

我国在确保国内粮食安全的前提下，支持和鼓励粮食企业主动"走出去"，参与粮食产业国际合作。

1. 支持和培育我们自己的跨国粮商，从粮食产业链的上游入手，通过建设海外粮食生产种植基地、投资海外粮食仓储物流等举措，积极构建粮食原材料产业链，拓展国际合作的宽度和深度。

2. 建立粮食企业"走出去"综合服务平台，构建国际合作的协商与对话机制，输出资金、技术、人才、服务等优势，掌握粮食国际合作的主动权，建立稳定高效的国际粮食产业链。

3. 对全球范围内的粮食供需关系进行分析和预测，据此建立全球粮食市场风险预警防范机制和应急处理机制。

4. 加强粮食流通领域的国际合作，积极参与制定粮食国际贸易规则和国际标准，与国际社会共享先进的技术和管理模式，共同应对气候变化、金融危机等给全球粮食安全带来的威胁。

新粮农人才缺失及思想观念问题

在古代，世界各国的粮食生产走的大多是小农经济路线。但是，工业革命开始后，以英国为首的西方国家的粮食生产有了质的转变，而中国没有跟上时代发展的潮流，依然在小农经济的道路上停滞不前，这就导致我国的粮食生产无论是在人才方面，还是在思想观念方面，都远远落后于西方国家，制约了我国粮食产量的提高。为了完善粮食产业科技体系，改变我国新粮农人才缺失和思想观念落后的问题，我国于2017年1月6日颁布了《国家创新驱动发展战略纲要》《关于深化人才发展体制机制改革的意见》，由此走上了科技兴粮、人才兴粮之路，有力地推动了粮食领域的科技创新和人才培养。

改进人才培养机制

只有改进人才培养机制，才能培养出符合新时代粮食产业发展需求的新粮农人才，具体措施如下。

第一，完善对科技创新领军人才的培养和支持方式。在培养人才方面，充分发挥粮食产业教育培训基地的作用，通过培训更新专业技术人才的已有知识，同时积极开展专项培训，培养高层次和紧缺急需的专业技术人才；依托粮食领域的国家工程实验室、工程技术中心等平台，加强重点粮食工程和相关科研工作的联动，在实践中培养新粮农人才。在人才支持方面，积极推进粮食行业百千万创新人才工程，大力选拔和培养粮食领域各层次科技创新人才；鼓励有条件的粮食企事业单位设立

"首席科学家（专家）"岗位，对能够胜任者提供科研和生活上的双重支持；鼓励粮食领域的创新型领军人才组建科研团队；等等。

第二，建立优秀青年科技创新人才支持制度。2016 年，我国颁布了《全国粮食行业青年拔尖人才优先培养实施办法》，规定每两年选拔一次青年拔尖人才，为破除论资排辈、求全责备等固有观念，促使粮食领域的优秀青年人才脱颖而出提供了制度上的保障。此外，我国鼓励青年拔尖人才根据粮食产业的需求进行科学研究、参加国内外重点学术交流活动，支持青年人才担任科技特派员，为粮食产业的基层提供科技服务，以加强对青年人才创新意识和能力的培养。与此同时，我国强调粮食领域的企事业单位要敢于让青年拔尖人才主持重点科学项目、担任重要的学术职务等，为新粮农人才在专业领域充分发挥价值提供机会与平台。

第三，加强创新创造型技术技能人才培养。一方面，实施高技能人才培养工程，每两年在全国范围内选拔一批粮食领域的技能拔尖人才，并通过组织培训、技术交流、承担技术技能公关项目等方式，对技能拔

尖人才进行重点培养。另一方面，鼓励有条件的粮食企业探索建立“首席技师”制度，提高粮食领域技术技能人才的经济待遇和社会地位，调动起他们技术攻关、技能创新的积极性。同时，广泛开展“岗位练兵”“技能竞赛”等活动，定期举办全国粮食行业职业技能大赛，在粮食行业营造“比、学、赶、超”的积极氛围，推动一线技能人才向创新型技术技能人才转变，组建符合粮食产业发展需要的人才队伍。

第四，创新科技后备人才教育培养模式。主要从高校层面入手采取措施：结合粮食产业的实际需求，鼓励相关高校按照“巩固传统粮食学科，发展涉粮交叉学科，拓展涉粮新兴学科”的思路，调整学科体系和专业设置；鼓励高校发挥自身办学优势，扩大涉粮专业招生，同时在非涉粮专业中融入涉粮元素，激发学生投身于粮食行业的热情；抓住教育改革的契机，紧紧围绕“科学定位、特色发展”八个字，既要培养符合需求的粮食专业人才，又要突出自身的办学特色；通过校企合作、产教结合等举措，进一步发挥粮食产业在粮食职业教育中的指导作用；通过定向招生、委托培养等方式，加快培养粮食产业所急需的专业人才；鼓励和扶持相关高校进行涉粮重点学科和重点实验室的建设，提高教学质量。

建立评价激励机制

在科学技术日新月异的当下，粮食产业想要增产提质，也需要与时俱进，这就离不开创新驱动。创新驱动的本质是人才驱动，而建立评价激励机制，能够有效激发粮食领域的青年人才进行涉粮科技的创新和创造的热情与活力。

第一，完善科技创新人才引进机制。对于急需紧缺的粮食领域的高层次人才，要积极完善现有的引进机制，积极探索新的引进机制，拓宽渠道，给予优惠，以实现精准引进。

第二，坚持积极有效的人才评价导向。要改变唯学历论、唯论文论、唯资历论等固有观念和做法，立足于粮食产业发展的实际需要，以能力、实绩和贡献为评价标准，以创新性、实用性为评价导向，充分发挥人才评价激励机制的“指挥棒”作用。

第三，以增加知识价值为导向的分配办法。2016 年，为了加快实施创新驱动发展战略，激发科研人员的创新创业积极性，在全社会营造尊重劳动、尊重知识、尊重人才、尊重创造的良好氛围，我国出台了《关于实行以增加知识价值为导向分配政策的若干意见》，提出了四个原则：坚持价值导向、实行分类施策、激励约束并重、精神物质激励结合。各粮食领域的院校、科研院所、企事业单位等要认真贯彻文件精神，结合自身特点，采取以增加知识价值为导向的分配办法。

建立人才服务保障机制

粮食领域人才服务保障机制的建立，要着力于让人才创新有机会、做事有舞台、发展有空间、生活无后忧，在落户、税收、配偶就业、子女入学等各方面为人才开辟“绿色通道”，才能确保粮食专业高层次人才引得进、留得住、用得好。这就需要做到以下三点。

第一，加强组织领导。坚持“党管人才”的原则，加强政治引领和政治吸纳，充分发挥党组织凝聚人才的重要作用。

第二，加强经费保障。各级粮食行政管理部门要与同级财政部门积极协作，把必要的人才经费纳入财政预算。同时，各涉粮单位要提高人才经费的比重，给予粮食专业高层次人才优先发展的机会。

第三，加强信息服务。建立健全粮食行业人才信息平台，及时发布粮食行业人才供求信息，完善人才信息交流、共享机制。

人口老龄化与年轻劳动力缺失问题

新中国成立以后，尤其是改革开放以来，我国始终致力于推动农业规模化、机械化发展，但是受到地形、经济等因素的影响，目前我国农业依然以小农经济为主，这就决定了粮食生产离不开人。与此同时，进入 21 世纪后，我国人口结构变化明显：一方面是人口老龄化加速；

另一方面是农村劳动力向城市群和都市圈集中。劳动力不足，已经成为制约我国粮食增产的又一大因素。

我国人口老龄化现状

我国每十年进行一次全国人口普查，在 2010 年和 2020 年，我国分别进行了第六次和第七次全国人口普查。从这两次人口普查的数据中，可以看到我国人口老龄化的情况。

第六次全国人口普查结果显示，截至 2010 年 11 月 1 日零时，全国总人口约为 13.7 亿。其中，0~14 岁人口约为 2.2 亿，占全国总人口的 16.6%；15~59 岁人口约为 9.4 亿，占全国总人口的 70.14%；60 岁及以上人口约为 1.8 亿，占全国总人口的 13.26%。和 2000 年第五次全国人口普查相比，0~14 岁人口占比下降了 6.29%，15~59 岁人口、60 岁及以上人口的占比分别上升了 3.36%、2.93%。

第七次全国人口普查结果则显示，截至 2020 年 11 月 1 日零时，全国人口约为 14.1 亿。其中，0~14 岁人口约为 2.5 亿，占全国总人口的 17.95%；15~59 岁人口约为 8.9 亿，占全国总人口的 63.35%；60 岁及以上人口约为 2.6 亿，占全国总人口的 18.7%。和第六次全国人口普查相比，0~14 岁人口占比上升了 1.35%，15~59 岁人口占比下降了 6.79%，60 岁及以上人口占比上升了 5.44%。

从上面两组数据可以看出，我国人口老龄化程度加深的速度正在逐渐加快，这意味着我国的适龄劳动力数量正在减少。对粮食生产来说，这种变化带来的影响是较为不利的。

我国人口老龄化加速的原因：一方面是人类社会现代化发展的必然结果，从全球范围来看，60 岁及以上人口的总数已经超过全球人口总数的 10%，这说明全球总体已经进入了老龄社会，人口老龄化并不是某个国家或某个地区的局部现象；另一方面，就我国的具体情况而言，人口老龄化主要是生育率下降导致 0~14 岁人口增长缓慢，以及死亡率下降导致人口平均寿命延长这两个因素共同作用的结果。

粮食生产属于劳动密集型产业，需要投入大量的劳动力，而人口老龄化会直接导致农村劳动力数量减少、质量下降，从而降低粮食生产的效率，最终影响粮食总产量的增长。

农村年轻劳动力缺失

在我国 0~14 岁人口增速放缓的大背景下，年轻劳动力的减少已经成为必然趋势。而对于农村地区来说，这个问题更加严重：全国第三次农业普查数据显示，2016 年，我国农业生产经营人员的总数约为 3.1 亿，其中 35 岁及以下人口占比约为 19.2%，36~54 岁人口占比约为 47.3%，55 岁及以上人口约为 33.6%。

在我国从事农业生产的人员中，年轻人数量最少，主要有以下原因：第一，随着我国城市化进程的加速，城市对人口的吸引力越来越大，导致农村年轻劳动力大规模向城市群和都市圈转移，只要能够在城市找到一份可以谋生的工作，他们就大多不愿意回到农村，过父辈那种“面朝黄土背朝天”的农耕生活；第二，这些进城务工的农村年轻劳动力希望自己的子女也能留在城市发展，这就导致农村 0~14 岁人口越来越少；

第三，农村年轻劳动力在城市的就业情况并不乐观，大多只能从事简单的、机械的、低水平的体力劳动，稳定性较差，随着年龄的增长，一部分务工人员会选择回乡务农，从而加剧农村人口老龄化、年龄劳动力缺失的问题。

解决上述问题的主要措施

第一，鼓励生育。比如，从开放二胎到开放三胎，给予生育子女的家庭相应的税收优惠等，从生育率增速放缓这一根本问题着手解决人口老龄化。

第二，延迟退休。人口老龄化带来的直接问题之一就是劳动力不足，综观全球，延迟退休是各国应对这一问题的普遍做法。在我国，延迟退休也已经被提上日程。2021 年 3 月，《中华人民共和国国民经济和社会发展第十四个五年规划和 2035 年远景目标纲要》出炉，提出了针对延迟退休的总方针，即弹性实施、小步调整、统筹兼顾、分类推进。

第三，加快建设新农村。提高农村地区的物质生活条件和精神文化水平，提高农业人口的社会地位，增加农村生活和农业生产对年轻人口的吸引力，减少农村年轻人口外流。

第四，培养高素质农业人才。科学技术是第一生产力，要加大对农村地区的教育投入，提高农村人口的科学文化水平，培养高素质农业人才，提高粮食产业的生产力。

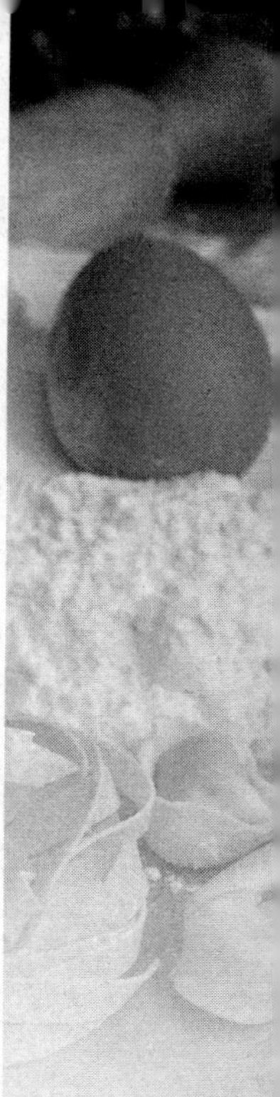

第四章
结构调整对粮食增产的影响

粮食生产布局与区域生产结构

抓好粮食生产的措施之一，是优化粮食生产布局。我国是一个地少人多的人口大国，且耕地资源逐年减少，尤其是东南沿海地区，随着工业化和城市化进程的加速，耕地被占用的情况较为严重。因此，在事关国计民生的粮食安全问题面前，在现有耕地资源和后备耕地资源有限的情况下，优化粮食生产布局迫在眉睫。此外，我国粮食的区域生产结构发生了较大变化。所以，在发展粮食生产、促进粮食增产之前，我们需要先了解粮食生产布局和区域生产结构的演变情况。

粮食生产布局的优化

我国的粮食生产布局呈现出明显的区域性特征。在过去，我国的主要粮食产区集中在南部，但是，随着东南部沿海地区经济的快速发展，南方粮食生产的规模逐渐缩小，让位给花卉、蔬菜等高价值作物。与此同时，北方的粮食生产规模不断扩大，东中西部农业产业结构也在持续调整。具体体现如下。

1. 北方粮食生产全面超越南方

在21世纪初期，我国粮食因为比较效益、结构调整等多种原因，连年减产，同时粮食库存大幅下降。稻米、小麦、玉米三大主粮的库存主要集中在主产省份，主销区的库存相对紧缺，产销不平衡的情况较为严重。因此，从2004年开始，我国采取了一系列扶持粮食生产发展的措施，如取消农业税和给予多项经济补贴等，粮农的生产积极性得到恢复，粮食产量从稳定回升到持续增产、库存充盈，形势向好。其中，北方粮食生产发展尤为迅速，全面超越了南方，过去的“南粮北调”变成了现在的“北粮南调”。

2. 粮食生产向中部地区集中

在我国的13个粮食主产省中，东部省占4个，中部省占8个，西部省只占1个。从东中西地区粮食布局的变化情况来看，东部4个主产省的粮食产量有所上升，但占全国粮食总产量的比重有所下降；中部8个主产省的粮食产量以及占全国粮食总产量的比重都有较大幅度的上升；西部1个主产省的粮食产量略有增加，但占全国粮食总产量的比重也有小幅下降。

3. 三大主粮生产区域布局变化

（1）稻谷生产区域布局变化

在我国三大主粮中，稻谷既是第一大粮食作物，又是城乡居民的主要口粮。从南北方地区稻谷生产区域布局的变化来看，我国北方的稻谷种植面积和产量都在持续增长，在全国稻谷产量中占比较大；而南方地区的稻谷种植面积有所下降，虽然稻谷产量有小幅上升，但在全国稻谷产量中的占比也在下降。值得一提的是，我国北方的稻谷产区主要集中在辽宁、吉林、黑龙江、河南等省。

从东中西地区稻谷生产区域布局的变化来看，东部沿海地区的稻谷种植面积有小幅减少，产量小幅增加，在全国稻谷产量中的占比下降幅度较大；中部9个粮食主产省中，除山西省和湖北省外，其余7省的稻谷种植面积和产量都稳步增长，生产规模呈扩大的趋势；西部地区的稻谷生产有萎缩的趋势，稻谷种植面积、产量和全国占比都在下降。

（2）小麦生产区域布局变化

小麦是我国第二大主粮，从南北区域布局来看，北方地区的小麦种植面积和产量约占全国的三分之二，种植面积和产量都有所增加，但在全国的占比有所下降；南方地区的小麦种植面积和产量占全国的三分之一以下，但是种植面积和产量，以及在全国的占比都有所上升。

从东中西地区的区域布局来看，东部和中部地区的小麦生产有扩大的趋势，种植面积、产量和全国占比都有所增加；西部地区的小麦生产则有所萎缩，种植面积、产量和全国占比都有所下降。

（3）玉米生产区域布局变化

玉米是我国第三大主粮，主要用于饲料消费，加工和生活用粮占比较小。从南北区域布局来看，北方玉米生产在全国的优势地位不可动摇，种植面积、产量和全国占比都有所提高；南方的玉米生产形势也比较好，种植面积和产量大幅增加。

从东中西区域布局来看，这三个地区的玉米种植面积和产量都有所增加，但是除了中部地区以外，其他两个地区的玉米生产在全国的占比都有下降。

粮食区域生产结构的演变

粮食区域生产结构受到区域内的自然资源条件、社会经济技术条件、种植习惯与市场需求、农产品供求关系等多种因素的影响。粮食、棉花、油料、糖料四大类关乎国计民生的农作物，在人多地少的大环境下，区域内的粮食生产与棉花、油料、糖料等农作物之间存在既相互依存，又相互竞争的复杂关系。

1. 四大类农作物区域生产结构的演变

在北方地区，四大类农作物按照全国重要性程度排序，依次是棉花、粮食、油料、糖料，其中棉花和油料在全国的重要程度比重较大。在南方地区，四大类农作物的重要程度依次是糖料、油料、粮食、棉花，并且在全国的重要程度都在下降，其中下降较多的为棉花。

就东部中部西部地区而言，东部地区四大类农作物的全国重要性排序为糖料、棉花、油料、粮食，后来演变为糖料、粮食、油料、棉花。总体来看，四大类农作物的重要性都有所下降。中部地区四大类农作物的排序为油料、粮食、棉花、糖料，其中棉花的重要性有所下降，其他三类则有所提高。西部地区四大类农作物的重要性排序为棉花、糖料、粮食、油料，后来演变为棉花、油料、粮食、糖料。

2. 农作物区域种植结构变化特点

特点一：在农作物总播种面积中，粮食作物的种植面积有所提高，豆类、薯类和经济作物等的种植面积占比均有所下降。

特点二：东中部粮食主产区的粮食作物种植面积有所增加，经济作物等的种植面积有所减少；西部地区则相反，粮食作物的种植比重下降，经济作物等的比重上升。

针对上述特点，我国采取了一系列粮食作物区域种植结构调整措施，主要包括两个方面：第一，提高谷物作物的种植比重，发挥北方地区粮食生产规模化、集约化的优势；第二，增加东中部地区优质谷物的种植比重，增加西部地区玉米的种植比重。

粮食结构的调整和优化

粮食产业发展的过程，其实就是不断调整和优化结构的过程。结合我国当前的国情和农业发展情况，在确保“谷物基本自给，口粮绝对安全”的前提下，以市场为导向，积极推进农业供给侧结构性改革，不断优化粮食结构，才能有效解决让全国人民从“吃饱饭”到“吃好饭”的质的转变。这种转变要考虑两个方面的内容：一个是口粮生产要有保障；一个是产需平衡的调整。因此，粮食结构的调整和优化，首先要稳定粮食种植面积，其次对粮食内部的品种结构进行数量和质量上的优化。

调整优化粮食结构的必要性

1. 粮食生产情况发生了重大变化

在20世纪五六十年代，我国的粮食生产还处于较低水平，人均粮食产量只有300公斤左右，长期处于供不应求、平衡紧张的状态。为了改变这种局面，解决人民“吃饱饭”的问题，我国以增产为主要导向发展粮食产业。1978年，党的十一届三中全会召开以后，我国的人均粮食产量有所增加，甚至一度突破了400公斤，达到了丰年有余的水平，人民的温饱问题基本得到了解决。

在这种背景下，粮食品种结构矛盾突出的问题浮出水面，主要表现为三大主粮有余，而大豆不足；名优品种不能满足消费者所需，而质量不好的品种严重积压。这种情况严重阻碍了我国粮食产业的发展。因此，调整和优化粮食品种结构被提上了日程。同时，粮食丰年有余的大形势也为粮食品种结构的调整和优化创造了有利的条件。

2. 生活水平提高，人民的消费结构发生了变化

改革开放，特别是进入21世纪以来，我国的社会经济飞速发展，人民的经济收入不断增加。以居民家庭人均可支配收入为例进行说明：

1980年，城镇居民家庭为488元，农村居民家庭为219元；

1990年，城镇居民家庭为1932元，农村居民家庭为1099元；

2000 年，城镇居民家庭为 9279 元，农村居民家庭为 4254 元；

2010 年，城镇居民家庭为 27359 元，农村居民家庭为 11303 元；

2020 年，城镇居民家庭为 43834 元，农村居民家庭为 17131 元。

经济收入的提高带动生活水平的提高，居民的消费结构也因此发生了很大的变化。体现在粮食消费上，主要有以下几点：（1）过去的消费者更青睐价格低廉的粮食产品，而现在的消费者更看重产品的质量和品牌，对绿色粮食、安全粮食、健康粮食的需求高；（2）过去的粮食市场以粗加工粮食为主，而随着消费者对粮食的色泽、口感、包装等方面的要求不断提高，对粮食加工精度的要求也随之提高；（3）半成品越来越受欢迎，如面条、饺子皮、米粉、米糕、速冻饺子、方便面（饭）等。这一系列变化，成为促进粮食结构的调整和优化的重要推动力。

调整优化粮食结构的注意事项

1. 引导粮农认识市场

对粮农来说，调整和优化粮食结构，最直接的问题是“种什么”，因为这与粮农的收入直接相关。如果种错了，轻则不赚不赔，重则血本无归。因此，我国一方面要通过调整各类粮食的收购价、采取相应的补贴和优惠措施等，对粮农的生产行为进行宏观调控；另一方面，各地要结合具体情况，通过宣讲、培训等措施，引导粮农关注粮食市场，了解粮食市场的变化，据此合理选择要种植的粮食作物。

2. 保护粮食生产能力

现阶段我国的粮食供给问题，主要是结构性问题，即优质粮食品种供不应求，而普通、劣质粮食供大于求。但是，出于对我国地少人多这一国情的考虑，我们在调整和优化粮食结构时，不能一味地“求优”，而应以保护粮食生产能力为前提，这就要求各地要充分考虑本地的粮食生产条件、粮食需求和粮食市场变化等因素，因地制宜地调整粮食种植结构，不能搞“一刀切”。

3. 充分发挥经济杠杆的作用

调整粮食品种结构，可能需要粮农改变传统的种植模式，还可能在短期内影响粮农的收益，所以在推行之初难免会遇到较大的阻力。针对这种情况，政府部门要充分发挥经济杠杆的作用，通过合理调控粮价促进粮食品种结构的调整和优化。具体做法包括：优质优价，合理拉开优质粮食和劣势粮食之间的价格差距，引导优质粮食适度增产，劣质粮食适度减产；完善粮价保护制度，根据市场变化合理调整粮食保护价，以保护和扶持有市场生命力的粮食品种。

4. 加强粮食种子管理

好种才能出好粮，21 世纪以来，我国的粮食单位面积产量之所以能有大幅提升，主要得益于选育了一大批高产粮种。由此可见，加强粮食种子的管理对粮食结构的调整和优化十分重要。第一，我们要加大在这方面的科技投入，做好优质粮种的选育、筛选和试验示范工作，培育出更多粮农愿意种、百姓喜欢吃、市场认可度高的优质粮食品种；第二，要在粮食种子的生产经营上面下功夫，加快建设优质粮种生产基地，加强对粮食种子市场的管理，严防制售假冒伪劣种子的不法行为。

结构调整与技术进步影响粮食产量

粮食的数量是衡量粮食产业发展水平的重要指标，但并不是唯一的指标。事实上，对我国来说，粮食结构和技术进步也是决定粮食产业发展水平的重要因素，对粮食的产量、质量等都有决定性的影响。

粮食结构调整及其影响

早在 2015 年，我国就已经提出要加强农业供给侧结构性改革，改革的核心是引导农民把控好农业生产的质量和规模，让农民产出的产品的质量和数量符合消费需求，实现产地和消费地的无缝对接。简单来说，调整粮食结构要以市场需求为根本，因此需要从区域结构和品种结构等方面着手。

以 2017 年为例，在农业供给侧结构性改革的大背景下，我国各地依照“藏粮于地，藏粮于技”的发展思路，主动调整农业区域结构和种植结构，主要措施包括：保障稻谷和小麦的种植面积基本稳定，同时因玉米库存较多，适当调减玉米的种植面积，在玉米非优势产区实行“粮改饲”“粮改豆”等举措，增加杂粮和豆类的种植面积，优化粮食区域结构和品种结构。这一系列举措减少了玉米种植面积 1984 万亩，有效减轻了玉米的库存压力，同时增加了豆类作物的种植面积 978 万亩，提高了豆类作物的产量。

与此同时，规模结构的调整也势在必行。目前，我国的粮食生产结构以小块土地分散生产的方式为主，既制约了粮食生产的规模化发展，又限制了现代化农业技术的推广和应用。因此，调整粮食生产的规模结构，引入集约化生产和经营方式，有利于提高粮食生产效率，实现粮食稳步增产。

农业技术进步及其影响

从 1982 年到 2017 年，我国的粮食总产量在 35 年的时间里，从 3.54 亿吨增长到 6.18 亿吨，超过了同时期人口增速的 34%。但是，此阶段我国的粮食生产还是以资源投入型为主，即对水资源、化肥、农药等的依赖性较高，导致了一定程度的环境问题。为了实现可持续发展，我国的粮食生产要从资源投入型转变为技术投入型，包括土壤改良、降低耗水量、控制化肥和农药的使用量等。那么，技术的进步会给我国的粮食生产带来哪些积极影响呢？

第一，改变粮食生产要素的质量。农业技术的进步，首先是通过生产要素的进步来实现的，主要包括：对所依托的土地资源进行改造和优化；改造生产技术和生产工具，提高生产效率；改良粮食作物的品种，提高产量或质量等。这一系列改变对粮食生产有非常重要的促进作用。

第二，优化农业生产环节。农业技术的进步需要通过渗透农业生产的各个环节才能体现出来，粮食生产也不例外。比如：在粮食生产环节，可以利用科学技术优化相关的基础设施建设，改善水土流失和土地沙化的情况；在粮食流通环节，可以依靠技术进步，通过先进的交通工具和便利的交通设施，实现粮食产品的高效流通；在粮食产品销售环节，相关经营者可以利用互联网技术，让粮食销售步入信息时代的快车道。

那么，我们应如何推动农业技术的进步，实现对粮食产业的优化呢？可以采取以下措施。

第一，提升粮食领域的技术创新能力。首先，国家相关部门应加大对粮食产业的科技投入，关注生态产业、循环产业、绿色产业的发展；

其次，科研部门应持续关注粮食品种的改良，致力于推动粮食的增产提质；最后，积极建立粮食领域的高新技术园区，通过政策、地域等优势吸引农业科技单位入驻，积极推动粮食领域的科技产业化。

第二，加强粮食产业教育。目前，我国粮农的文化水平普遍不高，相关部门要针对这一情况，加强对粮农的职业教育，积极开展相关技术培训，强化粮农的市场观念，使粮农成为粮食产业化经营的主体，提高科学生产意识，进而推动粮食经济的发展。

第三，推动粮食市场环境改革。农业技术的发展受市场环境的影响较大。比如，市场对优质农产品和生产机械的需求高，农业技术就会侧重于培育和改良优质品种、发明生产机械。因此，我们可以改革粮食产业，通过改变产业环境来改善粮食产业的市场环境，推动粮食产业的发展。

第四，加强农业技术的推广。农业技术的发展，最终的目的是帮助相关从业者解决问题、提高效率。因此，农业技术的推广要坚持以政府为主导，同时充分发挥相关从业者、经济组织、技术研究企业的力量，建立起一套完善的农业技术推广和研究体系，保障推广的及时和有效。

第五，提高农业技术队伍的素质。农业技术的提高离不开专业的科研人员，因此，农业技术研发团队要加强对成员的相关培训，对其专业能力和知识、农业经验等要有一定的要求，同时完善考核评价制度，这样才能切实提升农业技术研发团队的专业能力和素养，从而从整体上提升队伍的素质。

影响粮食生产成本的因素

农业是我国国民经济建设和发展的基础产业，是中国的主要经济形式。而在农业经济中，粮食产业又占有很大的比重。因此，粮食生产成本的变化，不仅会影响当前和将来粮食产业的发展情况，还可以在一定时期内直接影响甚至决定整个农业经济的发展水平。那么，影响粮食生产成本的因素有哪些呢？

政府的强农惠农政策

2021年，我国发布了重点强农惠农政策，补贴方面主要包括农机购置补贴、玉米大豆生产者补贴、实际种粮农民一次性补贴、耕地地力保护补贴、农业保险保费补贴等，不仅能够实实在在地减轻粮农的负担，还十分重视对耕地和环境的保护，体现了我国的可持续发展理念。

其他福利则包括开展农业生产社会化服务、基层农业技术推广、农业信贷担保服务等，有的重在为小农户在粮食等重要农产品生产过程中的关键和薄弱环节提供专业化服务；有的致力于推广重大引领性技术和农业主推技术，让科技服务于农业；还有的重点服务家庭农场、农民合作社、农业社会化服务组织、小微农业企业等农业适度规模经营主体，支持省级农担公司降低担保费用和应对代偿风险。

上述补贴制度和福利政策可以通过多方作用，有效降低粮食生产成本。一方面，直接经济补贴和信贷担保服务等举措，可以直接减少粮农从事粮食生产的经济投入；另一方面，技术推广举措有助于提高粮食生产效率，间接帮助粮农减轻生产负担。因此，政府实施的一系列强农惠农政策，可以从根本上降低粮食生产成本，提高粮食生产效率，调动起农民种粮的积极性。

土地流转制度的建立与完善

土地流转指的是土地使用权流转，也就是拥有土地承包经营权的农户，在保留承包权的前提下，将土地经营权（使用权）转让给其他农户或经济组织。

在小农经济时代，粮农的种植面积小、生产方式落后，产出的粮食基本只能满足自家生活所需。但是，改革开放以来，随着我国工业化、信息化、城市化和农业现代化进程的逐渐加速，农村劳动力大量转移到城镇，新的农业管理实体不断涌现，粮食的规模化生产成为趋势，在这种背景下，旧有的小农经济弊端日益凸显，土地流转制度的建立完善因此被提上了日程。

2004 年，国务院颁布《关于深化改革严格土地管理的决定》，规定“农民集体所有建设用地使用权可以依法流转”，强调“在符合规划的前提下，村庄、集镇、建制镇中的农民集体所有建设用地使用权可以依法流转”。

2014 年，中共中央办公厅、国务院办公厅印发了《关于引导农村土地经营权有序流转发展农业适度规模经营的意见》，要求各地大力发展土地流转和适度规模经营，五年内完成承包经营权确权。

2020 年，农业农村部编制《新型农业经营主体和服务主体高质量发展规划（2020—2022 年）》，进一步完善了土地流转制度，通过鼓励大户承包土地、培养“职业农民”的举措，推动农业向规模化、集约化的方向发展，有效提高了粮食生产效率，从而降低了生产成本。

从资源依赖到可持续发展

在过去，我国的粮食生产侧重于数量而非质量，同时由于技术投入不足，想要提高粮食产量，就需要投入更多的资源，如耕地资源、水资源、人力资源，以及化肥、农药等。这种生产方式会导致几个问题：第一，想要提高粮食产量，就要以加大资源投入，即提高生产成本为代价，这就加重了粮农的经济、时间、精力等各项负担；第二，资源的大量投入势必会对环境造成破坏，而环境问题又会反过来影响粮食的产量，是一种竭泽而渔、杀鸡取卵的生产方式；第三，我国是一个地少人多的国家，随着城市化和现代化进程的加速，耕地资源和农业劳动力会逐步减少，让资源依赖型生产模式难以为继；第四，化肥和农药的滥用可能引发食物安全问题，从而对我国的粮食市场产生不利影响，这种影响又会反噬粮食产业自身。

根据上面所说，从资源依赖向可持续发展的生产方式转变，是我国粮食产业发展的必然趋势，主要措施包括：实行合理的耕地轮作休耕制度，让耕地也能休养生息，从而提高肥力和有机质含量；加强对农业面源污染的防治，即防治农业生产活动中溶解的或固体的污染物通过农田地表径流、农田排水和地下渗漏等途径，对河流、湖泊、水库等造成的污染；实施秸秆综合利用项目，推进秸秆的无害化处理，如秸秆还田、秸秆养畜、秸秆沼气等，推动秸秆利用的规模化和产业化发展。

结构调整对全国粮食增产的影响

当前，我国农业的主要矛盾已经由总量不足转变为结构性矛盾，主要表现为阶段性、结构性的供过于求和供给不足并存。基于这种情况，我国出台了《全国种植业结构调整规划（2016—2020年）》（以下简称《规划》），指出了我国农业发展面临的问题，确定了种植业结构调整的思路、原则和任务，为我国粮食增产提供了有力的保障。

我国粮食产业面临的问题

问题一：品种结构不平衡。三大主粮中，玉米阶段性供大于求，稻谷和小麦也实现了供求平衡，但是大豆存在供不应求的问题，且供求缺口呈逐年扩大的趋势。

问题二：资源环境压力。随着我国工业化、城市化的快速推进，建设用地难免要占用一部分耕地，导致我国耕地不足的问题更加突出。与此同时，我国还存在耕地质量退化、华北地下水超采、南方地表水富营养化等问题。对于粮食生产来说，这样的资源环境是非常不友好的，我国粮食生产所面临的压力可想而知。

问题三：消费结构迅速升级。我国已进入消费主导粮食产业发展转型的阶段，随着社会经济的快速发展，我国城乡居民的生活水平和支付能力都在不断提高，对优质粮食的需求也越来越大，成为粮食结构调整的现实需要。

问题四：产业融合的程度越来越深。随着我国现代粮食产业链的不断延伸，产业附加值在不断提高，这就要求开发粮食产业的多种功能和多重价值，促进一二三产业的融合发展。

问题五：国内外市场的联系越来越紧密。随着经济全球化和信息化时代的到来，国内粮食市场和国际粮食市场联系密切。但是，我国优质粮食产量不足，缺乏国际竞争力，因此结构调整势在必行。

综上所述，面对新的形势和新的挑战，我们必须积极作为，坚持“创新、协调、绿色、开放、共享”五大发展新理念，在保障粮食安全的前提下，以市场需求为主要导向，加大粮食产业相关科技的创新和投入力度，借助互联网、物联网、智能设备等现代信息技术调整结构、完善粮食产业链，统筹国际、国内市场、为调整和优化粮食结构铺平道路、拓展空间。

结构调整的思路和原则

我国进行粮食结构调整的思路主要是：坚持市场导向、科技支撑、生态优先，优化品种结构和区域布局，走产出高效、产品安全、资源节约、环境友好的现代化道路。

结构调整的基本原则包括以下六点。

1. 坚持“谷物基本自给，口粮绝对安全”的底线思维，巩固提升粮食产能，确保粮食安全；

2. 坚持市场导向，引导粮农根据市场安排生产，推进一二三产业的融合，提升粮食产业的效益；

3. 坚持突出保口粮、保谷物两大重点，兼顾其他品种的生产，在此基础上优化区域布局和作物结构，做到有保有压；

4. 坚持创新驱动，培育粮食产业的新型经营主体和新型服务主体，注重提质增效；

5. 坚持生态保护，在“尊重自然、顺应自然、保护自然”这一理念的指导下，促进粮食产业的持续发展；

6. 坚持着眼全球，统筹好国内和国际两个市场，保持部分短缺品种适度进口，以满足国内市场所需，同时提升我国粮食产品的国际竞争力。

《规划》引起的粮食产量变化

《规划》发布实施后，根据国家统计局对全国 31 个省（区、市）抽样调查和农业生产经营单位的全面统计，我国 2017 年全国粮食播种面积、单位面积产量和总产量如下。

全国粮食播种面积 168329 万亩，比 2016 年减少了 1222 万亩，降幅为 0.7%。其中，谷物（玉米、稻谷、小麦、大麦、高粱、荞麦、燕麦等）播种面积 139395 万亩，比 2016 年减少了 2196 万亩，降幅为 1.6%。

全国粮食总产量为 12358 亿斤，比 2016 年增加了 33 亿斤，涨幅为 0.3%。其中，谷物产量为 11291 亿斤，比 2016 年减少了 17 亿斤，降幅为 0.1%。

全国粮食单位面积产量为 367 公斤，比 2016 年增加了 3.6 公斤，涨幅为 1.0%。其中，谷物单位面积产量为 405 公斤，比 2016 年增加了 5.7 公斤，涨幅为 1.4%。

在上述数据中，谷物的种植面积和总产量减少的部分，主要来自供大于求的玉米，而增加的部分主要来自豆类、薯类等供不应求的经济作物。其中，大豆的播种面积比 2016 年增加了 871 万亩，涨幅为 8.1%。

与此同时，全国粮食单位面积产量和谷物单位面积产量都有所提高，说明科技投入已见成效。总的来说，各类粮食作物的增产与减产，是我国进行粮食结构调整与优化的合理结果。

结构调整对不同地区粮食生产的影响

推进粮食生产和农村经济结构的战略性调整，是新阶段粮食生产和农村经济发展的主要内容。结构性调整需因地制宜，对不同地区的粮食生产会有不同的影响。

对河北省粮食生产的影响

2017年，河北省的粮食生产实现了“一减双增”的新突破，即播种面积减少、单位面积产量和总产量增加。虽然河北省2017年的粮食播种面积比2016年减少了205万亩，但是单位面积产量比2016年增加了13.19公斤，总产量增加了4.75亿公斤。河北省之所以能在粮食生产上取得新突破，主要得益于2016年启动实施的农业结构调整三年行动计划，以及种植业结构调整、籽粒玉米调减、“粮改饲”等一系列专项规划，统筹粮食生产和可持续发展与市场需求的关系，积极调整和优化粮食种植结构与品种结构，实现2017年全省小麦优质率达到73.1%，高于全国小麦优质率的10.1%。河北省的具体措施如下。

1. 打造优势生产核心区。例如，柏乡县、隆尧县、任县等优势产区以新型生产主体为重点，整村、整片地推进种植基地化、生产规模化、技术标准化和产销订单化，发展出了优质强筋小麦250多万亩。

2. 围绕节水、节肥、节药发展粮食绿色生产，深入实施“化肥农药使用量零增长”行动，加快主要农作物化肥、农药减量增效技术的推广和应用，加强化肥减量增效、病虫害统防统治、绿色防控等各类示范基地的建设，在全国率先实现了化肥农药使用负增长，为当地粮食生产实现可持续发展，以及打造绿色、安全、健康的粮食品牌创造了良好的条件。

对湖南省粮食生产的影响

2018 年，湖南省大力推进农业供给侧结构性改革，对粮食结构进行进一步的调整和优化。据国家统计局核定，2018 年，湖南全省粮食总产量为 604.6 亿斤，比 2017 年减少 10.1 亿斤，降幅不大，仍处于历史较高水平。湖南省粮食总产量的小幅下降，与其调整和优化粮食结构的策略有关。

1. 为了优化粮食结构，湖南省对部分粮食种植面积进行了下调。2018 年，湖南全省粮食种植面积为 7121.9 万亩，比 2017 年减少了 346.6 万亩，降幅为 4.6%。其中，稻谷种植面积为 6013.5 万亩，比 2017 年减少了 344.6 万亩，降幅为 5.4%，而稻谷中的早稻种植面积下调尤为明显，降幅高达 14.5%。

2. 粮食种植结构稳中调优。湖南全省各地主动调减单位面积产量较低、品质较差的早稻和双季晚稻的种植面积，共计 616.40 万亩，同时增加了单位面积产量较高、品质较优的中稻和一季晚稻的种植面积，共计 271.83 万亩。此外，长株潭重度污染区休耕治理改种高效经济作物 79.15 万亩。

对黑龙江省粮食生产的影响

黑龙江省全面深化农业供给侧结构性改革，充分利用各类媒体，将生产者补贴、扩种大豆、休耕轮作等政策及时传达给粮农，科学指导粮农调整种植结构。与此同时，黑龙江省坚持利用和保护并重，积极推行绿色粮食生产方式，并围绕“质量兴农”“技术指导”“抗灾自救”等内容抓生产，促进了黑龙江省粮食生产的良性发展，全省种植结构实现“一减一稳六增”，“一减”即玉米种植面积减少，“一稳”即稻谷种植面积稳定，“六增”即大豆、小麦、杂粮杂豆、马铃薯、蔬菜和中草药的种植面积增加。

2017 年，黑龙江省的粮食总产量为 1203.76 亿斤，实现“十四连丰”；2019 年，黑龙江省经受住了春季干旱、苗期低温、夏季农田内涝等自然灾害的考验，粮食总产量超过 1500 亿斤，实现“十六连丰”，全省粮食生产稳中有进、持续向好。

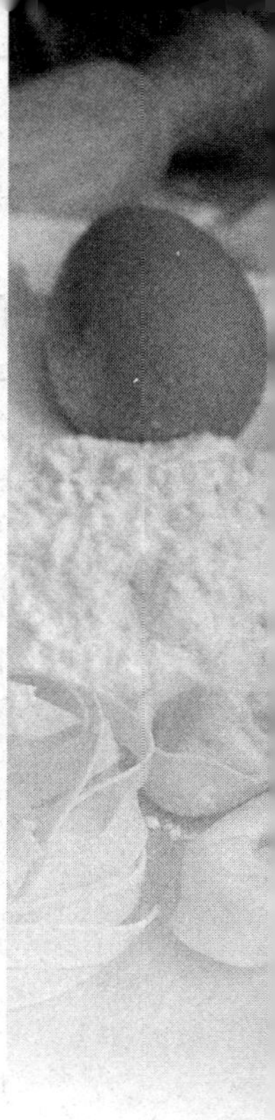

第五章 中国粮食政策对粮食产量的影响

中国粮食进出口贸易政策

粮食的贸易政策与粮食进出口贸易情况，不仅关系着国民经济的发展与社会稳定，还影响着粮食的价格和国家粮食安全问题。近几年，国际局势风云变幻，国际粮食价格出现了大幅波动，对我国的粮食政策和粮食进出口贸易都产生很大的影响。

自新中国成立以来，我国粮食的进出口贸易一直由国有粮食进出口公司经营，粮食进出口的数量由国家计划控制。从20世纪80年代开始，这种计划管理具体通过发放许可证的办法来执行。到了20世纪90年代，改为限量登记、配额管理。2001年，加入世界贸易组织后，我国粮食贸易主要实行的是关税配额管理和自动许可证管理制度。

计划经济时代的贸易政策

20世纪50~90年代中期，国家每年制订粮食进出口计划，然后由发展和改革委员会、中国粮油食品进出口总公司将指标进行分解，下达到各省。在这个阶段，我国粮食进出口贸易政策的基本路线是鼓励出口、限制进口，控制粮食进出口的主要措施包括进口配额、进出口许可证等非关税措施。

改革开放以后，我国对外贸体制进行了一系列改革，包括下放外贸经营权、经营权和所有权分离、汇率并轨等措施。但是，结合当时我国的粮食产业发展状况，出于保障国家粮食安全的考虑，我国粮食进出口贸易依然要按照国家计划来进行，并由国有粮食贸易企业专营。

入世谈判阶段的贸易政策

20 世纪 90 年代中期，我国对粮食进出口贸易政策进行了一系列调整。比如：从 1993 年起，国家不再制定粮食进出口价格，粮食作物的进出口价格由拥有出口经营权的进出口企业在配额内统一制定；1997 年 10 月，我国下调了关税税率，平均总水平降至 17%，其中，农产品的平均税率下降了 25%，降至 21.2%；同年起，我国对小麦、大米、玉米、大豆等粮食产品实行进口关税配额管理，配额内享受零关税或低关税，配额外则征收普通关税或优惠关税。

总而言之，20 世纪 90 年代中期以后，我国的粮食进出口贸易政策发生了很大变化，市场化改革取得了重大进展，粮食进出口贸易及结构发生了显著变化，不仅推动了国内粮食的供求平衡，而且促进了我国农业资源的优化配置。

加入世贸组织后的贸易政策

2001 年，我国加入世界贸易组织，对粮食进出口贸易作出如下承诺：（1）不实行粮食出口补贴；（2）对粮食进口实行关税配额制度，规定了大米、小麦和玉米三大主粮的配额数量和配额内外的关税水平，对大豆、大麦等粮食作物只征收 3% 的进口关税；（3）在国内支持政策方面，对粮食的黄箱补贴幅度不超过 8.5%。在上述承诺的约束下，我国取消了对粮食作物的出口补贴，取而代之的是两项相关政策：一是取消铁路建设基金，从 2002 年 4 月 1 日起，我国对通过铁路运输的稻谷、小麦、大米、玉米、大豆等粮食作物全额免征铁路建设基金；二是出口退税，从2002年4月1日起，我国对大米、小麦、玉米三大主粮实行零增值税政策和出口免征销项税政策。

从2005年开始，我国实行关税配额管理，取消了进口配额、进口许可证和特定产品招标等所有非关税措施。

2006年，全球粮食价格不断上涨，这一情况引起了我国政府的高度重视。为了防止国内粮价上涨过快，我国从2007年12月20日起取消了小麦、稻谷、大米、玉米、大豆等粮食产品的出口退税。

2007年，我国对小麦、玉米、稻谷、大米、大豆等粮食作物征收5%~25%的出口暂定关税，2008年延续了这一调控政策。

2009年，在国内粮食连续六年丰收的大背景下，为了调整出口结构，我国自7月1日起调整了部分粮食作物的出口关税，取消了小麦、大米和大豆3%~8%的暂定关税。

总的来说，我国的粮食进出口贸易政策并不是一成不变的，而是充分考虑自身的实际情况和国际形势，随着时代的发展而变化，是与时俱进的。

中国粮食价格政策影响粮食产量

粮食是生活的必需品，从个体的角度来看，粮食价格的变动与粮农和消费者的利益息息相关；从整体的角度来看，粮食价格的变动会影响整体物价水平、粮食产业的发展，甚至是国家粮食安全等，不可不重视。纵观我国粮食价格调控政策，已经由计划经济时期的统购统销，转变成以市场调控为主，粮食价格调控体系逐渐健全。

粮食产量与粮食价格的关系

粮食产量的波动具有一定的周期性，并且总是与粮食价格的波动基本吻合。纵观新中国成立以来的粮食波动情况，每当粮食产量持续几年增长后，就会由于外界因素的影响，增长率水平开始下降，甚至出现负增长。这种周期性，体现了粮食生产波动的规律性特征。比如，20世纪70年代末以来，我国“卖粮难”和“买粮难”的现象反复交替出现，粮食价格也随之发生了明显波动，使粮食市场陷入“短缺”与“过剩”交替发生的循环波动之中。此外，粮食产量的波动还具有年度连续性的特点，因此粮食产量一旦下降，就需要较长时间才能恢复过来。

更进一步地说，粮食产量和粮食价格的波动之间存在因果关系，粮食收购价格对粮食产量的影响要大于对粮食市场零售价格的影响，相应地，粮食产量的变动对粮食价格的影响也很大。针对这种特点，为了保证粮食逐年稳定增长，避免粮食波动影响粮食供求平衡和国家粮食安全，政府应对粮食价格进行适当地调控，这就需要我国不断完善粮食价格调控政策，深化粮食购销市场化改革，建立以市场为主导，与宏观调控相结合的粮食市场机制。

我国粮食价格政策的演变

改革开放以来，我国的粮食价格调控政策随着时代的发展而变化，归纳起来主要经历了统购统销、“双轨制”、市场机制基本建立和市场化四个阶段。

1. 统购统销时期（1978~1984 年）

统购统销指粮食的生产、收购、储存、加工和销售由国家统一调节，粮食的价格由国家统一制定。1978 年以后，我国的经济体制逐渐从计划经济向市场经济转变，但是粮食价格调控走的仍然是统购统销的路线，因此粮食市场狭小。同时，在经济体制改革的大背景下，农村生产力得到了很大的解放，粮农的种粮积极性也有所提高，粮食产量不断增加，但是受到市场的限制，粮农“卖粮难”的问题日益凸显。基于此，从 1983 年起，我国开始逐步调整相关政策，在统购统销中引入市场因素。在这一时期，除了 1980 年以外，我国的粮食产量每一年都实现了不同幅度的增产。

2.“双轨制”时期（1985~1991 年）

1985 年，我国出台《关于进一步活跃农村经济的十项政策》，取消对粮食和棉花的统购统销，改为合同订购，规定“订购以外的粮食实行自由购销”，这就是订购价格和议购价格并存的“双轨制”政策。这个政策一方面扩大了市场对粮食价格的调控范围；另一方面增强了市场对粮食价格的调控作用，部分解决了粮农“卖粮难”的问题，但是导致粮食价格出现了较大幅度的波动，所以粮食产量也时有回落。

3. 市场机制基本建立时期（1992~2000 年）

1992 年，我国对统销统购政策进行改革，放开粮食销售价格和销售市场。1994 年，我国又制定了“稳定种粮面积、稳定粮食产量、稳定粮食库存”，以及“保证全国粮食总量平衡、保证地区粮食总量平衡”的方针，即“三个稳定”和“两个平衡”。1998 年，我国开始实行粮食流通体制改革，市场对粮食价格的调控作用进一步增强，我国粮食的市场调节机制基本形成。

4. 市场化时期（2001 年至今）

2003 年，我国开始加强粮食流通体制改革。2004 年，出台了《关于进一步深化粮食流通体制改革的意见》和《粮食流通管理条例》，逐步建立健全了多元主体的粮食市场价格体系。在一系列政策改革的带动下，我国粮食价格从2003年开始进入持续上涨时期，粮食产量也从2014年起实现稳步增长。

不断完善最低收购价政策

在粮食产量和粮食价格持续上涨的情况下，为了防止粮食连续增产引起粮食价格下跌，出现“谷贱伤农”的情况，在粮食价格调控政策市场化时期，我国还制定了粮食最低收购价政策，不仅切实保障了粮农的利益，还对粮食生产起到了宏观调控的作用。比如，2020年，国家发展和改革委员会发布了《关于完善稻谷最低收购价有关政策的通知》，指出要进一步完善粮食最低收购价政策，要求各省（区、市）根据近几年稻谷的最低收购价和收购数量，限定2020年的稻谷最低收购价和收购数量。

完善粮食最低收购价政策，一方面是推进农业供给侧结构性改革、深化农产品收储制度与价格形成机制改革的迫切要求；另一方面可以指导粮农关注市场供求，主动提质增效，同时激发粮食贸易商、粮食加工企业等市场主体的积极性，实现粮食产业链的协调发展，既推动了粮食产业调结构、减库存、提质量、增效益，又守住了国家粮食安全底线。

中国粮食补贴政策与粮食产量波动

粮食补贴是国家对种田农户进行补贴，一般包括直接补贴、农作物良种补贴和农资综合补贴三种形式。实行粮食补贴政策，有利于调动起粮农种粮的积极性；有利于粮食生产资料向大户集中，推动粮食产业的规模化和集约化；有利于粮食新品种、新技术和新成果的推广，推动粮食产业的科技化和现代化；有利于维护农资市场的正常秩序，维护粮农和消费者的利益；还有利于对粮食产业结构进行调整和优化。

我国粮食补贴政策发展阶段

粮食补贴政策，是国家为了进一步促进粮食生产，保护粮食综合生产能力，调动粮农种粮的积极性和增加粮农收入而制定的直接或间接的补贴政策。我国的粮食补贴政策经历了四个发展阶段。

第一个阶段（1953~1978 年）：粮食补贴政策起步阶段。这一阶段，我国严格执行粮食统购统销政策，对粮食消费者进行补贴，对当时的粮食生产起到了积极促进作用。

第二个阶段（1979~2003 年）：探索调整阶段。这一阶段废除了粮食统购统销政策，实施粮食保护价政策，推行粮食流通和存储体制改革，同时伴随实施粮食储备财政补贴和农业生产资料补贴，农业生产资料包括化肥、农药、农用塑料薄膜等。这一系列措施有效促进了粮食增产，但是存在粮食品种结构不合理、政府财政负担重等问题。

第三个阶段（2004~2016 年）：改革发展阶段。这一阶段的粮食补贴政策以农业支持保护补贴和农机具购置补贴为主，与粮食最低收购价政策相结合，从粮食生产、存储、加工和销售等多个环节协同保障粮食安全，极大地促进了粮食产业的发展和粮食产量的提高。

第四个阶段（2017 年至今）：中央财政资金补贴机具种类范围，在以前的基础上进行了调整和优化，重点增加了符合农业结构调整需求和以绿色生态为导向的品目，删减了部分技术已经明显落后的品目，同时依据新的农业机械分类标准对机具分类和品目名称进行规范，最终确定补贴范围为 15 大类、42 个小类、137 个品目。

综上所述，我国粮食补贴政策大致经历了从补贴粮食消费者到实行粮食保护价，再到直接补贴粮食生产者的转变。

粮食补贴政策与产量波动

直接给予粮食生产者补贴，如直接补贴数额、播种面积等，对粮食产量的影响是积极而明显的。不过，不同形式的补贴的具体影响有所不同。下面以直接补贴数额和播种面积的补贴为例进行简单说明。

1. 直接补贴数额对粮食产量的影响

我国的粮食补贴品种主要有稻谷、小麦、玉米、大豆等，不同品种的直接补贴数额不同，会对不同品种的粮食产量产生直接影响。以 2021 年黑龙江省的粮食补贴为例，玉米每亩补贴 38 元，大豆每亩补贴

238元，之所以玉米补贴最低，是因为我国玉米供大于求，库存压力大；大豆补贴最高，是因为我国大豆长期处于供不应求的状态，需要大量进口。通过直接补贴，可以调动起农民种植大豆的积极性，从而实现玉米适量减产和大豆增产的目的，起到宏观调控粮食品种结构的作用。

2. 播种面积补贴对粮食产量的影响

根据我国相关政策的规定，一般来说，承包100亩以上耕地进行农业生产的，可以享受到每亩地200元左右的补贴。从这项政策可以看出，我国的农业补贴政策是向播种面积大的“种植大户”倾斜的，这是因为目前我国农业仍然以小农经济为主，而这种经济模式已经落后于时代发展的脚步，阻碍了我国农业的发展。具体到粮食生产这一项，在耕地面积不足的情况下，想要实现稳步增产，就必须走规模化、集约化、现代化的发展道路，这就需要从政策层面引导小农经济向“种植大户”转变。

中国粮食税收政策与粮食产量波动

税收政策是政府为了实现一定时期的社会或经济目标，通过一定的税收政策手段，调参市场经济主体的物质利益、给予强制性刺激，从而在一定程度上干预市场机制运行的一种经济活动及其准则。税收分为很多种类，其中，农业税是国家对一切从事农业生产、有农业收入的单位和个人征收的一种税，俗称“公粮”。

1958年6月3日，第一届全国人民代表大会常务委员会第96次会议通过《中华人民共和国农业税条例》；1994年1月30日，国务院发布《关于对农业特产收入征收农业税的规定》，规定全国的平均税率为常年产量的15.5%，各省（区、市）的平均税率结合当地的具体情况具体制定。但是，从2006年1月1日起，我国全面取消了农业税。

为什么要取消农业税

粮食税收和粮食产量波动问题是一个全球性问题，因为粮食属于特殊商品，相关税收政策的变动会引起粮食产量的波动，而粮食产量的波动又会影响粮食市场和国家粮食安全问题。在过去，我国规定农业税的税率不超过 8%，但实际农产品增值税税率在 19% 左右，而工业品增值税税率也不过 17%，农产品增值税率比工业品高，这在世界上是少有的。以一些西欧国家为例，法国的农业实际增值税税率为 7%，德国为 6.5%，卢森堡为 5%，荷兰为 4%，奥地利与比利时为 6%，其他地区的国家，如菲律宾、土耳其等，则对农业实施零增值税率。目前，农业低税率是一个国际化惯例，所以，中国取消农业税是顺应国际形势做出的决定，有利于我国粮食产业的发展。

粮食税收和粮食产量波动

在过去，我国实行对粮食生产者征税，同时对粮食消费者进行补贴的政策，产生了供给减少、需求增加而导致供不应求这一负面效应。因此，在税收方面，我国进行了一系列政策调整，直到 2006 年全面取消。那么，粮食税收和粮食产量波动之间有什么关系呢？

一方面，如果对粮食生产者征税，粮食的生产成本就会增加，粮农的利益就会受到直接损害，种粮的积极性就会降低。在这种情况下，粮食生产的发展会受到限制，同时抑制消费增长，从而导致粮食产量出现萎缩性波动。

另一方面，如果对消费者征税，消费者的购买成本就会增加，可能导致粮农卖粮难、消费者买粮难的双重困境。这种情况会倒逼粮农调低粮食价格，导致粮农的生产积极性和粮食的综合生产力被破坏，粮食产量也会出现萎缩性波动。

中国粮食流通政策与粮食产量波动

粮食流通政策是国家根据政治经济发展的需要而制定的粮食流通方面的规范和准则，包括粮食流通过程中的组织形式、经济关系、管理方式等制度。新中国成立以来，我国的粮食流通政策经过长期发展，出台了一系列文件，明确了做好粮食流通工作的方针政策和主要措施。

我国粮食流通政策的发展

新中国成立后，我国的粮食流通政策大致可以分为三个发展阶段。

第一个阶段：粮食自由贸易政策（1949~1953 年）

新中国成立初期，我国多种经济成分并存，粮食集市贸易和自由购销占主导地位，允许私人经营粮食。这一阶段，我国在粮食短缺的情况下，实行粮食自由贸易政策，并通过征收粮食实物税的方式掌握粮源，调节粮食供求情况，对粮食生产的发展起到了一定的促进作用。数据显示，1952 年的粮食总产量比 1949 年增长了 44.8%。不过，这一阶段仍然存在一些问题，其中最突出的是人均粮食占有量低，粮食增产后首先用于满足粮农自身所需，因此商品粮不仅没有增加，反而有下降的趋势，在粮食供应紧张的情况下，私人粮商开始哄抬物价，导致粮价出现了较大幅度的波动，国家虽然出台了抑制粮价的措施，但调控能力不强。

第二个阶段：粮食统购统销政策的演变与发展（1953~1978 年）

为了增加国家对粮价的调控能力，1953 年，我国先后通过了《关于实行粮食的计划收购与计划供应的决议》和《关于实行粮食的计划收购与供应的命令》，统购统销政策登上历史舞台，集市贸易和自由购销的方式被取消。

1956 年，我国开展农业合作化，粮食的购价和销价基本持平，同时开放农村集市，国营商业、合作社商业和集市贸易并存。到了 1958 年，农村集市贸易被中断，直到 1961 年以后才重新活跃起来。1962~1965 年，我国通过提高粮食统销价，同时增加消费者工资的方式维持购销价持平的状态。1966~1978 年，在统购统销价不变的基础上，缩小了地区差价。

第三个阶段：粮食流通体制市场化改革（1978 年以后）

1978 年，我国召开了党的十一届三中全会，开始进行粮食流通体制的市场化改革，主要成就如下。

1. 粮食市场体系得到发展和完善。党的十一届三中全会以后，我国的城乡粮食集贸市场逐步得到恢复和发展，随着《城乡集市贸易管理办法》的出台，集市贸易开始走上法制化的道路。

2. 粮食期货市场的诞生。期货市场指的是按照达成的协议交易并按预定日期交割的金融市场，它的一大特点是虽然合同已经签订，但并没有完成商品交割，商品可能正在运输途中，可能正在生产，甚至可能还没有投入生产。期货市场是市场的高级形式，中国期货市场的发展源于粮食期货交易。1990 年，郑州粮食批发市场经国务院批准开业，这是中国第一个国家级粮食批发市场；1991 年，该市场签订了第一份小麦远期合同；1993 年，郑州商品交易所成立，我国的粮食期货市场正式诞生。

3. 粮食流通体制的市场化改革稳步推进。1978~1984 年，开始进行粮食流通体制市场化改革，国家减少粮食征购任务，并实行议价收购，粮农完成征购任务后可以自由购买和销售粮食。1985~1990 年，建立了国家收购价格政策“双轨制”，确立了自由市场粮食交易的合法性。1991~1993 年，国家开始改革粮食平价销售政策，到 1993 年下半年，全国基本取消了粮票和统销制度。1994~1997 年，开始建立中央和地方分权稳定粮食市场波动的机制，探索建立适应市场经济发展的宏观调控体系。1998~1999 年，我国发布《关于进一步深化粮食流通体制改革的决定》，加快国有粮食企业的改革。从 2000 年开始，我国粮食流通体制的市场化改革进入实质推进阶段，逐步实现了粮食购销市场化和市场主体多元化，同时，一系列补贴政策的出台让粮农得到了更多实惠，极大地提高了粮食生产力，粮食产量连年稳步增长。

粮食流通政策与产量波动

总体来说，我国现行的粮食流通政策主要包括以下几个内容：粮食购销市场化，粮食价格以市场为主导，发展粮食市场体系，发展粮食期货市场，加快国有粮食企业改革，培育多元化的市场主体，搞好粮食市场管理，建立粮食流通法规以及完善粮食宏观调控。同时呈现出以下

几个特点：粮食流通逐渐放开，向市场化发展；粮食政策从高度集中逐步转变为向分散化发展；市场管理和调控重点从数量管理向价格管理转变；国家补贴从对消费者补贴转为对国有粮食部门补贴，最后直接补贴给粮食生产者。

可以看出，粮食流通市场化改革是必然的发展趋势，这是因为如果禁止粮食自由贸易，就相当于抛弃了市场对粮食供求的自发调节功能，难免会给粮食生产带来冲击，进而导致粮食产量的波动，威胁国家粮食安全。

中国农业组织形式与粮食产量波动

农业生产组织形式是国家宏观农业政策变迁的直观反映，学界普遍认为，新中国成立以来，农业组织主要经历了合作社、人民公社、以家庭承包责任制为主体的双层经营三种形式。但是，无论农业组织形式如何划分，我国的农业生产在今后较长的一段时期内，仍然是以农户为基本主体，家庭经营依然是农业生产的基本经济制度，一家一户的农业生产组织形式依然是我国农业生产的基本组织形式。

合作社与粮食产量波动

合作社是新中国成立以后，为配合社会主义建设而开展的，以土地改革为主要内容的，实现土地集体所有制的基本形式。

1951 年，我国发布了《关于农业生产互助合作的决议（草案）》，以互助组为中心的互助合作成为一种制度。1953 年，我国发布《关于发展农业生产合作社的决定》，推动互助合作向以初级合作社为中心的合作运动转变。1955~1958 年，随着《关于农业合作化问题的决议》的出台，毛泽东亲自编修的《中国农村的社会主义高潮》的出版，以及党的八届二中全会的召开，农民对人民公社的认识得以加强，合作化进程得以加速。

合作社的诞生，重新构建了粮食生产组织形式，使劳动与土地的结合在一定程度上不再局限于家庭，对调动粮农种粮的积极性、提高粮食生产率和粮食产量起到了重要作用。

人民公社与粮食产量波动

1958年，我国发布《关于在农村建立人民公社问题的决议》。人民公社是一种政社合一的组织，在合作社的基础上，强化了土地的集体所有制性质。1962年，党的八届十中全会进一步形成了公社、生产大队和生产小队的三级构架。人民公社土地面积大，但是因为实行“平均主义”，极大地削弱了粮农的生产积极性，因此这一时期的粮食生产并没有形成规模效益，生产效率低下，对粮食产量产生了负面影响。

在上述背景下，为了解决温饱问题，“单干风”开始出现。一些地区的粮农改山造田，自力更生，实现了粮食增产，不仅可以满足自家所需，还有余粮可以对外销售。1964年，毛泽东在制订第三个五年计划的中央工作会议上，积极肯定了这种做法。1985年，人民公社正式退出历史舞台。

双层经营与粮食产量波动

1978年，党的十一届三中全会通过《中共中央关于加快农业发展若干问题的决议（草案）》，提出要从实际出发，尊重和保护群众的民主权利和利益。1983年，《全国农村工作会议纪要》指出，实行联产承包责任制，可以“恰当地协调集体利益与个人利益，并使集体经营和劳动者自主经营两个积极性同时得到发挥”。同年，中央一号文件《当前的农业经济政策若干问题》正式提出了“双层经营”的概念。

双层经营即以家庭联产承包责任制为主体的家庭经营形式，是探索将计划经济体制转变为社会主义市场经济体制的结果，这种组织形式摒弃了“平均主义”，确立了农户经营的主体地位，农户对种什么、种多少以及如何种等问题具有较大的决策权。这一形式极大地调动起了粮农种粮的积极性，对粮食产量产生了积极影响。目前的实践证明，家庭经营是现阶段效率最高的农业组织形式。

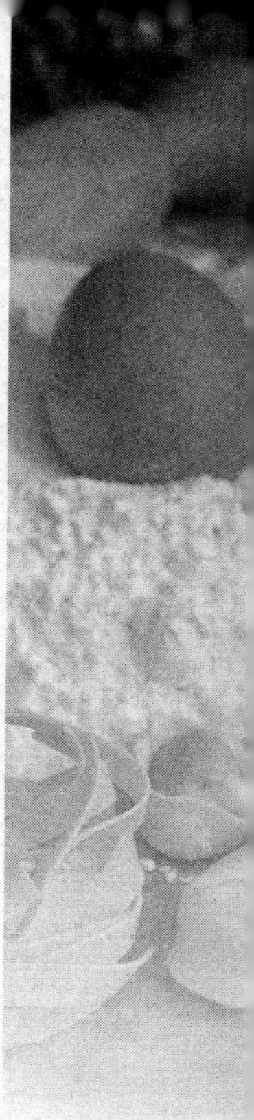

第六章
粮食增产与农民增收的协同

农民收入现状与脱贫

在我国农村社会经济统计中，农民收入作为其中一项重要的统计指标，包括了售卖农产品所得、打工收入、转移性收入、财产性收入等。说起农民收入，就不得不提到农民人均纯收入。所谓农民人均纯收入，主要是指按照农村人口平均的“农民纯收入”，反映了一个国家或地区农村居民收入的平均水平。其中，“农民纯收入”指的是农村居民当年从各个来源渠道得到的总收入，相应地扣除获得收入所发生的费用后的收入总和。那么，农民人均纯收入该如何计算呢？

农民人均纯收入的计算公式

农民人均纯收入是按农村人口平均的“农民纯收入”，反映的是一个国家或地区农村居民收入的平均水平。

农民人均纯收入＝（农村居民家庭总收入－家庭经营费用支出－生产性固定资产折旧－税金和上交承包费用－调查补贴）/农村居民家庭常住人口

2004~2012 年，农民收入增长实现了“九连快”。2013 年前 3 季度，农村居民人均现金收入同比增长 12.5%，而且 2013 年全年农民收入仍继续保持较快增长，人均纯收入实现了 7.5% 以上的增长目标，增速继续快于城镇居民。当前，我国农民收入的现状表现在以下几个方面。

农业生产不确定因素增多

在农业生产过程中，经济再生产与自然再生产是相互交织的，这就使得农业生产在得到大自然恩赐的同时也受到了大自然的约束，具体表现在几个方面，分别为：农业生产周期长致使资金周转速度变慢；农业生产风险大，无法逃避自然灾害；农作物单位面积产品重量大、产值低，保存费用较高、风险比较大；农业“无效成本”比较高，这里所谓的“无效成本”主要是指自然灾害成本，农药与化肥流失成本，农业机具露天、大面积运转成本与农机具季节性闲置成本等。

农民收入不平衡的表现

这里的平衡主要表现为区域之间的不平衡和区域内的不平衡。如东部地区的农民收入普遍高于中西部地区的农民收入，城郊（镇）农民收入普遍高于乡村农民收入，除此之外，人与人、户与户之间也存在收入的不平衡。

农民收入增速下滑

党的十八大提出了2020年城乡居民收入比2010年翻一番，这也意味着农民人均纯收入每年需要实际增长7%左右。现如今，我国农民收入尽管保持较快增长，但增速明显下滑。国家统计局数据显示，占据农民收入一半以上的家庭经营性收入增幅大幅下降，再加上受到国家宏观经济形势不稳定的影响，未来农民工资性收入增长也存在不确定性，农村居民收入倍增面临着极大的挑战。

城乡一体化要求迫切

近年来，随着国家不断加大对农村农业的投入，统筹城乡发展进程也随之不断加快，但一些体制机制性障碍对城乡一体化的发展产生了制约作用，再加上城乡基础设施、公共服务仍然存在较大的差距，推动城乡基本公共服务均等化的体质机制仍然没有建立。最为重要的是，农村土地、资金、劳动力等资源要素大量流入城市，农业农村发展呈现出严重的"失血"状态。

脱贫攻坚下的农民收入

自新中国成立到现在，基本消除了农村绝对贫困，农民人均可支配收入要比1949年实际增长了40倍。截至2018年年底，全国农村绝对贫困人口减少到将近2000万人，到2020年，现行标准下农村贫困人口将实现脱贫，贫困县全部摘帽。从党的十八大以来，贫困地区经济加快发展，生态环境也得到明显的改善，通过产业扶贫、就业扶贫，贫困地区特色优势产业和电商扶贫、光伏扶贫、旅游扶贫等新业态迅速发展，通过易地扶贫搬迁、退耕还林、生态扶贫等，最终实现了生态保护和脱贫攻坚双赢。

据经济日报社报道：国家统计局最新数据显示，2020年我国农村居民人均可支配收入17131元，实际增长3.8%。从全国来看，2015年至2019年，贫困地区农村居民人均可支配收入由7692元增加到11567

元，贫困户人均纯收入由3416元增加到9808元。随着贫困人口收入结构进一步优化，工资性收入和生产经营性收入占比上升，农户自主脱贫能力稳步提高。通过产业扶贫，不仅形成了一系列产业联农带贫的有效模式，也激发了贫困群众不等不靠、自强不息、用勤劳双手改变生活的精神状态，这些都将在今后推进乡村全面振兴中持续发挥作用。

农民收入构成与增收

中国自改革开放之后，农村居民从同质群体演变为传统农民、离乡农民、离土农民、内源式新型农民、外源式新型农民等多种类型。在20世纪70年代末期之后，农村的居民群体在职业选择、收入来源、消费方式等方面的均齐化特征在不断减弱，异质性特征在持续增强。农民越来越成为一个由不同类型行为主体构成的并相互产生作用的组合体。

在我国全面建设小康社会道路上，农民收入水平和生活状况是其首要问题。近年来，农民收入问题逐渐成为社会各界关注的焦点，而国家也多次出台了相关的“三农”政策，农民收入的构成也随之发生了相应的变化。

农村居民收入结构

目前中国农村收入来源主要包括家庭农业生产经营收入、家庭在乡从事非农经营收入、外出务工收入、集体经济收入、其他各种收入五种形式。

1. 家庭农业生产经营收入。在实行家庭承包制后，家庭农业生产是农民取得收入的最主要方式，也是最稳定的方式。相关数据统计显示，2000年农户家庭农业生产经营收入仍占家庭总收入的65.5%，由此可见，这部分以农业种养业为主的收入来源仍是目前农村家庭经营性收入的基本部分。

2. 家庭在乡从事非农经营收入。家庭经营收入包括农业经营性收入和非农业经营性收入，前者主要是指种植业、林业、畜牧业、副业、渔业的收入；后者主要是指农民在二、三产业的经营性收入，如在经营工业、建筑业、批发和零售、餐饮业、社会服务业、文教卫生业等行业中获得的收入。这一来源不仅是随着中国经济改革的深化农民收入多样化的一个新亮点，还是在乡农民的一个重要增收点，也是发展农村市场经济，繁荣农村经济的重要内容。

3. 外出务工收入。在 20 世纪 80 年代末 90 年代初，出现了“民工潮”。在改革开放的浪潮下，外出务工成了很多农民获得除了农业收入以外收入的新选择。这种收入有增长空间广阔等特点，并逐渐成为当时增加农民收入、缩小城乡差距的重要切入点。而大量外出务工的农民工也成为我国实现城市化、现代化的重要推动力。

4. 集体经济收入。集体经济收入曾是改革开放后乡镇企业等集体经济刚刚兴起时农民的重要增收来源，但由于近年来各种形式的农村集体经济都遇到了资金、技术、管理、人才、市场等问题，这种收入的增长逐渐开始乏力。

5. 其他各种收入。它包括来自各种财产投资性的收入、政府财政或支农政策的转移性收入、租赁变卖财产收入、亲友赠送等各种收入。

从农业增效中增加农民收入

1978~1984 年农民增收主要来自农民积极性提高和农产品价格上涨，1985 年到 20 世纪 90 年代初农民增收主要依靠乡镇企业吸纳了一批离土不离乡的劳动力，90 年代开始主要是靠大批农民工进城就业。进入 21 世纪，随着农业结构调整，农业产业化兴起，农民增收来源呈现多元化。近年来，家庭经营性收入与外出劳务收入变化影响了农民增收，而政府对农业生产的投入和财政补贴的增加，对于当前我国农民增收有着非常重要的作用。所以，要用工业化、城镇化、市场化解决增加农民收入的问题。具体来讲，包括以下几方面内容。

1. 加快调整农村产业结构，优化农业内部生产结构。农村产业结构的调整对农民收入的影响不仅体现在收入总量，还反映在农民收入结构的变动上。所以，完善农村产业政策，促进农村产业结构和农业内部生产结构优化升级，对于农民收入结构的合理转变有很好的促进作用。

2. 加快农业生产经营方式由家庭小生产经营向集约化、规模化大生产经营的转变，农业生产由“粗放型”向“集约型”的转变可以有效提高农作物的单位产量，增加农民的收入，同时也能解放更多的劳动力向城市转移，增加农民收入的来源。

3. 促进科学技术在农业生产中的运用，大力实施科教兴农，发挥高科技对农业和农村经济发展的作用。现如今，农业收入仍然是我国农民收入的主要方式，而现代农业科学技术则是农业发展、农民增收的根本出路，农业科技创新是强化结构调整和农民增收的支撑力。

粮食增产与农民增收协同下的模式

国家历来重视“三农”问题，而破解“三农”问题的关键就在于解决好粮食增产与农民增收的问题，为了极大地调动农民种粮的积极性，国家取消农业税的同时还出台了一系列政策，如种粮直补、良种补贴、农机具补贴以及重大农业技术推广转向补贴等一系列富农、惠农政策。

长期以来，我国一直都在探索适合我国特色的农民增收机制，从土地改革到人民公社到家庭联产承包责任制，再到当代的“公司+农户”“全产业链循环经济”等，虽然在探索过程中我们积累了大量的理论和实践，但仍存在农民收入增长缓慢、农民收入水平不高等问题，所以，各地仍然积极探索适合本地区的农民增收机制。

转变生产方式的河南模式

“春播一粒种，秋收万担粮”不仅是农业生产的规律，也是改革发展的规律。河南省通过转变生产方式，激活了农业生产新的活力，也实现了粮食生产的连年丰收和农民收入的连年增长。

1. 创新农业可持续发展模式，提高粮食生产可持续发展能力。河南省作为粮食生产的大省充分发挥其优势，不仅实现了粮食的持续增产，同时也紧抓农业技术和制度创新。发展循环农业不仅能有效改善农业的生产条件，还能促进农业增产、农民增收，同时农村的生产环境也得到了相应的改善。

2. 继续实施种粮补贴，政府不断加大对粮食生产的支持力度，以此有效激励和维持了农民的种粮积极性。河南不仅加大了对粮食生产的直接补贴，而且加大了对农田水利设施、节水灌溉、土壤改良、农田林网等方面的投资力度，由此使得农业生产条件得以改善，不仅增强了农业的抗灾能力，同时有效提高了农业的综合生产能力。焦作市农业局局长认为，实施种粮补贴是一种有效的措施，不仅能有效推动粮食主产区粮食的生产，还能有效兼顾农民增收。

3. 通过扶持粮食加工龙头企业有效拉动了粮食产业链的健康发展，另外，通过发展粮食深加工、转移农村劳动力、扩大社会对粮食的需求等措施，强力推进粮食增产和农民增收。其中，发展粮食深加工业是发展粮食生产、提高农民收入的重要途径。而通过机制创新，大力发展和培育以粮食加工企业为主的龙头企业，是发展粮食生产同时兼顾农民增收的有效措施。

4. 通过微观的组织创新和制度创新实现粮食生产的集约化、专业化和组织化，为粮食的稳定供给和农民增收奠定制度基础。所以，河南省加快了土地的流转速度，大力培育和发展农民专业合作社。

具有区域特色的山东模式

自改革开放以来，山东省的经济发生了很大变化，现如今的山东已经成为全国重要的经济大省和极具发展潜力的地区之一，在发展的过程中，山东省一直把粮食增产与农民增收协同发展作为首要任务，并逐渐形成了具有区域特色的发展模式。

一是在技术创新和技术集成工作上成效显著。围绕粮食增产和农民增收目标，立足山东小麦、玉米生产科技等问题，山东省开展了多个相关课题，并突破了“小麦—玉米群体质量控制及超高产栽培技术”和“小麦—玉米壮株延衰超高产一体化栽培技术”两项关键共性技术，集成创新出“鲁中半干旱区小麦玉米丰产高效安全生产技术”“鲁西沿黄平原小麦玉米节本增效均衡增产技术”“鲁东丘陵区小麦玉米节水丰产技术”三套适应于不同生态类型区的小麦玉米高产高效技术模式，为提升山东粮食综合生产能力提供了强有力的科技支撑。

二是研究型项目实施明确，超额完成任务目标。课题坚持技术创新、技术集成与示范应用三条路线并举，突出抓好超高产攻关田、核心区、示范区和辐射区建设，其建设面积和单产水平均超过了任务指标。

三是课题实施大幅度提升了山东小麦、玉米的生产能力。课题实施5年来，项目区新增粮食429.42万吨，增加直接经济效益67.65亿元。

从规模体量上来看，山东粮食产业总产值、销售收入、加工转化能力、产品产量等主要指标多年来一直居于全国首位。2019年，全省1504家粮油加工企业工业总产值达到了4212亿元。另外，山东省粮食深加工生产规模、经济总量已占全国30%以上。

在聚集化程度方面，近年来，山东结合企业改革、产业布局和结构调整，迅速成长起一批龙头企业，并逐渐形成了一批产业园区。全省主营业务收入过百亿元的企业集团达5家（西王集团、鲁花集团、山东香驰、三星集团、渤海油脂），过30亿元的企业已达24家。获得国家粮食和物资储备局和中国农业发展银行重点支持龙头企业共有41家，居全国同行业首位。以龙头骨干企业为依托，形成一批特色粮油产业园区，由此带动了产业聚集发展。

山东农科院相关负责人介绍说，该院立足保障粮油安全、农民增收、落实“藏粮于地、藏粮于技”战略，为解决粮油争地、人畜争粮、种地与养地不协调的矛盾，研究集成了花生与玉米、谷子、高粱、油葵等作物带状间作轮作等技术，形成了花生带状轮作生产技术体系。通过构建优良复合种植群体，发挥高秆作物边际效应，充分利用光热资源和改善土壤生态环境的自然功能，有效解决了小麦—玉米单一种植模式造成的土壤板结、地力下降、化肥农药使用量较多等问题。

粮食生产经营体制的多种模式

制约粮食增产的因素很多，粮食生产经营模式的不同是其中之一。中国自新中国成立以来经历了几个阶段，随着中国进入国际市场，目前的经营模式出现多样，多种体制并存的现象。随着经营模式的转变，粮农实现增收就成为地方性经济发展的一条出路。

延安：抓好家庭农场与合作社

在子长市玉家湾镇阳岸村，一位村民一边查看地里的玉米和马铃薯长势，一边对记者说：“现在一共有60多亩地，公家还给补贴了一些化肥、地膜、地翻。看今年的长势基本上都好着了，明年准备继续再种。”

合作是实现农业做大做强的必由之路。2020年，延安市突出抓好家庭农场和农民合作社两类经营主体，通过发展大户种植和专业合作社，开展耕、种、收等关键环节生产托管或全程托管，着力破解了“谁来种粮”“怎样种粮”的问题，不仅调动了农民种粮积极性，又保障了粮食安全，将饭碗牢牢端在手中。

为了提高产量，阳岸村通过大户承包种植的形式将土地承包给三户村民，统一采用地膜马铃薯间套玉米栽培技术。为了提高土地的综合利用率，延安市采取了专业合作社等社会化服务组织在粮食种植关键环节托管发展的模式。

延川县绿林农机服务专业合作社就是一家通过粮食种植托管发展起来的服务机构，这种“一站式”服务不仅让村民安心外出打工，还盘活了可耕种的土地。

石家庄：市长责任制模式

石家庄采用市长责任制模式，稳定发展粮食生产，巩固和提高粮食生产能力，并且严格执行耕地保护政策。在落实土地用途管制制度的同时，严格划定城市开发边界、永久基本农田和生态保护红线，严格控制新区建设及新增各类开发区和建设用地规模，严格实行耕地“占一补一、占优补优、先补后占、以补定占”。

为了推进粮食丰产科技示范工程，集成一批粮食稳产增产技术体系。大力开展粮食绿色增产模式攻关，切实抓好粮食高产，创建100个万亩示范片区，增强示范带动能力。大力实施“现代农业机械化水平提升行动”，在粮食作物主产区实现集机械化灌溉、机械化植保、化肥深施、中耕管理、秸秆处理、深松耕整地、精量播种等生产全过程的机械化技术。

建立新型粮食生产经营体系，加快建立健全承包土地经营权流转市场，鼓励有条件的农户在自愿的前提下，将承包土地经营权流转给新型粮食生产经营主体。在流转过程中，避免“非粮化”，坚决禁止“非农化”。另外，石家庄还鼓励有条件的县（市、区）结合自身财力，优先支持流转期限在5年以上、流转面积在100亩以上的新型粮食生产经营主体。

珠湖：农业分场制经营管理

珠湖农场工厂化育秧，标准化车间，全场3.6万亩早晚稻提前被华润集团、益海嘉里集团订购一空。在加快建设现代农业的进程中，这三大国有农场积极探索适合现代农业发展新路，实行农业分场经营管理运作模式，建立了一整套与规模化农业生产相适应的管理机制，推动粮食生产由传统生产方式向现代农业的转变。2015年，这三大农场粮食总产达7500多万公斤，粮食播面亩产达574公斤，超过全省水稻平均单产163公斤，种粮职业农工年均收入达6万多元，走出了一条江西省国有大型农场加快推进粮食生产方式的创新之路。

为了实现从传统农业向现代农业跨越，珠湖、成新、朱港三大农场实行了农业分场制经营管理的运作模式。概括起来就是每个农业分场下设若干农业种植中队，中队聘用职业农工种田，有的中队还建立了家庭农场，构建了集中管理、规模化生产经营的现代农业生产经营体制。

为实现土地、农机、人力、科技等生产要素的优化配置，农场实行“六统一”管理，即统一农业生产经营政策、统一种植模式、统一生产资料供应、统一技术指导、统一生产成本考核、统一农产品收购销售，种植风险由各农场承担。珠湖农场建立了“责任到户、联产联效计酬”激励机制，种植成本由农场垫支，以年终效益计酬，利润20%归农场，80%归职业农工，充分调动了职业农工的积极性。为推进粮食生产全程机械化，这三大农场在机械整田与育秧、机械栽插、机械施底肥、飞机打药、机械收割与烘干等方面，借助社会农机服务，全部实现了耕种全程机械化，粮食生产由粗放型、高成本、低效益，转变为机械化、专业化、田园化、产业化、科研化、生态化。

粮食增产和农民增收共赢

2004年是一个极不平常的一年。供求关系逆转导致价格“一飞冲天”，中央出台一号文件既促进“三农”利益又改善粮食供给，粮食流通体制改革进一步促进市场化运营，政府实施宏观调控抑制通货膨胀等因素和现象相互交织，注定2004年的粮油市场将在行业内的历史上留下重重的一笔。自2004年国家实施农业新政以来，粮食增产与农民增收逐渐上升为国家粮食政策的主要目标，那么，两者有着怎样的内在联系呢？

协调增产与增收的必要性

在加速推进工业化与城市化的进程中，我国粮食需求呈现稳定增长，因而要求粮食稳定增产以此维持粮食的供需均衡。然而，粮食生产却面临着资源、环境、体制等多方面因素的制约，如耕地减少、水资源短缺、农业经营利益低、生产成本上升、自然风险和市场风险等，因此，我们必须要高度重视粮食的稳定增产和农产品的有效供给，要协调粮食增产与农民增收问题。

增产增收协同发展的可能性

现如今，绝大多数农民生产仍然延续了传统的劳动密集型生产经营方式，农业生产具有土地生产率高而劳动生产率偏低的不对称性。2009年，我国第一产业增加值35477亿元，占据了国民经济比重的10.6%，而从事第一产业的劳动力占了全社会总劳动力的40%。粮食生产的劳动效率偏低，从客观上反映了在公共农业化高速推进的同时，城市化发展水平严重滞后，由此限制了对农村劳动力的吸纳与就业机会的扩展，也就导致大量农村劳动力依然滞留在农业的内部，如此一来也就阻碍了农民收入的增长。所以，在工业反哺农业、城市支持农村的历史阶段上，实现粮食增产与农民增收问题的关键在于找到一条农业劳动力转移后土地的及时集中经营与及时推广农业机械化的途径，以顺应规模化、产业化的现代农业发展趋势。

增产增收协同发展的可行性

粮食生产劳动效率改进作为实现粮食增产与农民增收的内在基础，想要解决农业劳动生产率偏低的问题，依靠农业发展自身是无法解决的。

从长远来看，只有我国的城镇化、工业化得到进一步发展，才能为农业劳动力转移提供更多的非农就业机会。另外，我国因为国情，必须要走出一条具有中国特色的农业现代化道路，这样一来才能将农业劳动生产率的提高和土地等稀缺要素生产率的提高统一起来。

增产增收协同发展的途径

对改革开放后粮食增产的经验进行总结时不难发现，支撑粮食增产的主要因素就是粮食单产水平，科技进度和基础设施对其作用越来越大，而且经营效益和比较利益对粮食生产投入或粮食增产的决定作用逐渐增强。根据过去的经验可以知道，当前协调粮食增产与农民增收的重点、难点就在于农民增收。因为农民的预期收入和收入增长速度，对粮食生产和粮食安全产生了直接影响，如此一来，粮食才能获得持续增产的内在动力。所以，促进粮食增产与农民增收协同主要围绕提高农业劳动生产率、调整粮食政策、扩大农民非农业就业等方面。

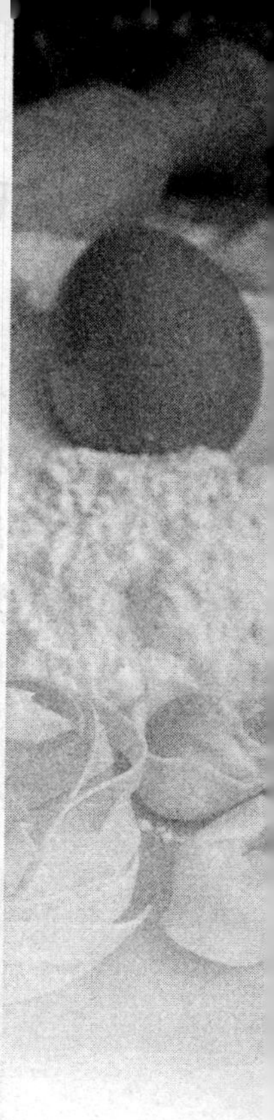

第七章
农业政策增加农民收入

农民收入补贴政策

由于农业是人类赖以生存的物质基础，所以我国十分重视农业，并不断加大对农业的扶持。农业补贴政策是政府扶持农业政策中一种最常用的政策工具。目的是确保本国粮食的安全，保障农民的收入和稳定农产品的价格。

近几年，国家加大扶贫的力度，实施农民收入补贴政策。到了2020年底，我国如期完成了新时代脱贫攻坚的目标任务。以下是我国在2018年出台的补贴政策。

2018年国家出台实施的补贴政策

退耕还林者：这项补贴是针对那些家里有坡地，而且坡地的倾斜度都在25度以上的农户。如果这些农户退耕还林，国家就会给予一定的补偿。补偿标准：种地补贴1200元，种苗费400元，一共1600元，分3次到账。农户在退耕还林后最好申领一个《林业证》，作为以后林地流转、出租和抵押贷款等的凭据。

休耕轮耕者：休耕轮耕是指在一定的管理规划内，对于某一部分土地，农户在一定时间内不耕种，而到非管理规划的土地上耕种，以这样的形式来轮耕土地，以便提升地力。休耕的范围在原来规定的地下水漏斗区、生态严重退化地区和重金属污染区的基础上，增添了黑龙江寒地井灌稻地下水超采区和新疆塔里木河流域地下水超采区。也就是说在以上地区进行休耕轮耕的农户，将获得每亩 150 元的轮作补助；如果北方地区的农户休耕一季，则每亩补贴 500 元；如果是南方休耕两季，则每亩补贴 800 元。

失地者：失地农民只需要连续缴纳 15 年的失地养老保险，在等其达到国家所规定的法定退休年龄（60 岁）后，该农民可以根据缴纳档次（100~800 元之间）按月领取相应的养老金。另外，如果农户持有国家给予的征地证明，则国家每年可以为该农户缴纳相应档次的 60%，农户每个月只要交 40% 就可以。

厕所建设补贴：新政策鼓励农村建设标准卫生厕所，集中进行粪便污水处理，提升农村卫生水平，达到标准的农户可直接进行补贴。

购车补贴：农民买车不仅有免税政策，还可以拿到最高十万元的优惠补贴，但这项补贴是有一定标准的，排量不超过 1.5 的轿车才可以享受这一政策。

住房补贴：农民朋友在建筑房子或者对危房进行改造时都可以拿到补贴，即使在城里买房也能拿到上万元的补贴。

养殖业补贴：在农村除了种地之外，养殖也是农民的经济收入来源之一，农牧养殖也有了新的补贴标准。

2018年国家精准扶贫补贴标准

1. 健康扶贫。根据医疗报销程序及标准，建档立卡户新农合报销比例比一般农户提高5%，建档立卡贫困户住院乡级报销90%、县级80%、市级75%、省级65%。大病保险报销起付线由5000元降至3000元。高额费用患者大病保险再报销（经基本新农合和大病保险报销后个人自负超过3万元以上部分再次给予80%~98%分段递增报销，具体比例为0~1万元报销80%，1万~2万元报销90%，2万~5万元报销95%，超过5万元报销98%，报销金额上不封顶）；医疗救助（经新农合和大病保险及各类补充医疗保险、商业保险报销后的合规个人自负费用按照一定比例进行救助）；50种重大疾病患者和个人年度住院费用累计在15万元以上的患者进行兜底补偿；对建档立卡户贫困户中患有高血压、糖尿病等46种慢性病的患者，在县社保局办理门诊慢性病就诊手册的在定点医疗机构发生门诊费用不设起付线，按照70%的比例进行门诊补偿。

2. 民政。农村一类低保金每月310元/人，全年3720元/人。农村二类低保金每月290元/人，全年3480元/人。农村三类低保金每月84元/人，全年1008元/人。农村四类低保金每月58元/人，全年696元/人。

3. 易地扶贫搬迁。（1）农村一户一宅安置的建档立卡搬迁群众，住房建设最低补助为人均43000元。其中，中央预算内资金8000元、地方政府债券9740元、专项建设基金5000元、长期贴息贷款20260元；县城购置楼房安置的建档立卡搬迁群众，中央预算内资金8000元、地方政府债券9740元、专项建设资金5000元、长期贴息贷款35000元，合计人均 57740 元，全部用于购房补助。（2）补助标准：2016 年、2017 年易地扶贫搬迁补助标准，1~3 人户补助 9 万元，4 人户补助 12 万元，5 人及以上人口补助 15 万元。

4. 危房改建。（1）建设标准。原有主要居住用房均为危房拆除重建时，原有危房必须拆除，新建住房精准扶贫户人均必须不少于 15 平方米。房屋建筑面积控制在 60 平方米以内，可根据家庭人口适当调整。其中，1 人户不小于 20 平方米，2 人户不小于 30 平方米，3 人户不小于 40 平方米，3 人以上户人均不少于 13 平方米，但不得超过 18 平方米。（2）补助标准。建档立卡贫困户户均补助 20000 元。其中，中央财政资金 6500 元，省级财政专项扶贫资金 13500 元。

党的十八大明确了全面建成小康社会定量指标，那就是到 2020 年城乡居民收入要比 2010 年翻一番。这个目标已经成功实现，不仅农民们对于致富有较大的积极性，国家也在主动作为，多渠道促进农民持续增收。

减轻农民负担政策

农民是这个社会重要组成部分，并且是一个庞大的群体。只有农民这个庞大的群体很好地融入社会，社会才能更稳定，带动社会各方面的发展。而在社会阶层中，农民依然处于弱势地位。

江泽民同志曾指出："减轻还是加重农民负担绝不仅仅是少拿多拿几个钱的问题，而是保护还是挫伤农民积极性的问题，是促进还是阻碍农村生产力的问题，是增强还是丧失农民群众信任和拥护的问题。必须把减轻农民负担问题，提高到这样的政治高度来认识。"

针对减轻农民负担问题，国务院进行了一系列的改革措施。要求是：坚决把农民承担的提留统筹费和劳务全面控制在国家规定的限额之内，严格禁止各种面向农村、农民的乱收费、乱集资、乱涨价、乱罚款和摊派，取消一切加重农民负担的达标升级活动，杜绝因农民负担过重引发的严重事件和死人伤人的恶性案件，切实把过重的农民负担减下来。实现这个要求必须标本兼治，长期努力，坚持不懈。

2003年，我国政府进行税费改革，取消了面向农民征收的各种费用，包括农业税，同时取消了农村义务工、劳动积累工，从而减轻农民负担。不但如此，国家惠农政策的力度在不断加大，包括对种粮农民进行直接补贴、农资综合补贴、良种补贴、农机直补、退耕还林补贴等。

为了减轻农民的负担，我国政府不断对农业税进行改革。下面是农业税的改革历程。

农业税的改革历程

农业税是国家对一切从事农业生产、有农业收入的单位和个人征收的一种税，俗称“公粮”。1958年6月3日，第一届全国人民代表大会常务委员会第96次会议通过《中华人民共和国农业税条例》，1994年1月30日，国务院发布《关于对农业特产收入征收农业税的规定》。

农业税起源较早，在过去被称为“田赋”，而西方国家将其称作土地税或者地租税。在封建社会，农业是最主要的生产部门，是国家税收的主要来源。但随着工业、商业的发展，到了资本主义社会，在国民经济中，农业所占的比重在不断下降，当代世界多数国家的农业税已经不是主体税收，而是作为财政收入的辅助手段。

从2000年到2005年，我国开始着重减轻农民负担，取消“三提五统”等税外收费，以改革农业税收为主要内容的农村税费改革。

国务院于2004年开始实行减征或免征农业税的惠农政策。根据统计，免征农业税、取消烟叶外的农业特产税可使农民减轻约500亿元的负担。到了2005年，直接受益的农民接近8亿。2005年，免除农业税的惠农政策以法律的形式固定下来，使9亿中国农民彻底告别了缴纳农业税的历史，意义重大。

农村的医疗改革措施

我国于2002年提出了农村医疗改革的“新农合”政策，每人每年只要缴纳一定的金额，便能享受整年的医疗补贴。随后，“新农合”费用每年都在上涨，由最开始的每人每年 10 元上涨到 2017 年的每人每年约 200 元。这也似乎成了有官方认证的“医疗保险”。2018 年，政府再次对农村的医疗进行改革，合并了农村医疗和乡镇医疗两个系统，进一步提高了农村看病报销的金额，扩大了可报销的范围。

报销金额的提高：一级医院医疗金额达到 300 元以上，所有花费可报销 65%；二级医院医疗金额达到 6000 元以上报销 85%，其中市二级医院医疗金额为 400~6000 元时报销 65%，县二级医院医疗金额为 600~6000 元时报销 65%；县三级医院医疗金额在 600~6000 元时，报销 65%，6000 元以上报销 80%，市三级医院医疗金额为 800~6000 元时报销 65%，6000 元以上时可报销 80%。可以免费享受国家“医疗保险”的人包括农村的残疾人，农村低保户，官方认可的贫困家庭，一部分符合条件的退伍军人，高龄老人（80 岁以上）。

农产品收购价格政策

国家出台农产品价格政策是为了提高或者稳定农产品价格水平来支持农业生产。农产品价格政策能提高农民的收入，促进农业的发展。

主要采取的形式如下。第一，定价收购。政府事先规定各类农产品的价格作为支持价格。当市场价格高于支持价格时，农场主或农户可按较高价格自由出售，如市场价格低于支持价格，政府按支持价格收购。自20世纪20年代末以来，美国对主要农产品都采取这种形式，具体做法在不同时期有所变动。第二，津贴。一定的时期内，平均市价低于所支付的价格时，其差额由政府补贴。英国率先对谷物、肉类、蛋品、马铃薯等直接支付津贴，称为“亏额支付制”。第三，固定价格。政府对某些农产品规定必须遵循的销售价格，但不直接收购。对进口的某些农产品征收保护关税，控制其在本国市场上的出售价格，以保护国内农业生产者的利益。

我国价格政策的演变

中国农产品价格政策的演变过程为：由市场价格与政府指令性定价并存，到政府指令性定价，再到市场调节。

1. 牌价与市场价并存（1949~1952 年）：新中国成立后，商品经济落后，商品严重紧缺，在价格形成方面，我国实行牌价与市场价格并存，以牌价为主导。

2. 购统销制度（1953~1985 年）：由于生产力水平低下，国家采取“以农养工”的经济发展策略来加快工业化的发展。从 1953 年我国开始对农业实行统购统销政策以来，单一的计划价格便逐渐取代了原来牌价与市场价并存的局面。1985 年，在农业生产连年增长和部分农产品市场已经逐步放开的基础上，政府便对实行了 30 多年的农副产品统购派购制度进行彻底改革。

3. 农产品价格双轨制（1985~1991 年）：1985 年，我国开始对农产品价格实行双轨制，快速推进价格形成机制改革，进一步放开农产品价格中的国家定价，同时对一些农产品运用国家指导价进行管理。粮食取消统购，实行合同定购。

4. 保护价与最低收购价（1992 年至今）：1992 年，为了建立起与社会主义市场经济相适应的新价格模式，我国再次对价格形成机制进行改革，逐步放开粮食购销价格。1998~2003 年，我国开始对粮食实行保护价收购。2004 年，我国出台粮食最低收购价政策，但由于粮食生产成本的提高，粮食市场价格偏低，最低收购价已不能有效地维护农民的利益，我国便开始将粮食目标价格纳入粮食生产长期规划和粮食价格政策中。2014 年，根据中央的部署，东北三省和内蒙古启动大豆目标价格试点，新疆进行了棉花目标价格试点。为保护农民利益，防止“谷贱伤农”，国家于 2016 年继续在粮食主产区实行小麦、稻谷最低收购价政策。

美国早期农业政策

1933 年的“农业调整法”规定：参加政府“农产品计划”的农场主，出售农产品的最低价格按 1910~1914 年的平价（以 1910~1914 年为基期计算的工农产品比价水平）来制定。1938 年修订后的“农业调整法”把平价计算方法由固定基期改为计算期前 10 年的活动基期。《1973 年农业和消费者保护法》规定放弃平价，改用“目标价格”。而“目标价格”是根据有关产品的生产成本来确定，由政府每年公布。如果市场价格低于目标价格，政府给予一定差额补贴。政府每年用于农产品价格支持方面的费用相当庞大，1982 年财政补贴为 120 亿美元，1983 年增至 218 亿美元，这也是美国财政赤字居高不下的原因之一。

农业产业结构调整政策

农业产业结构调整是指根据市场对农产品需求结构的变化来改变农产品的生产结构，从而使农业生产和市场需求相协调的过程。通俗来讲就是改变农业产业的比例，优化协调种植业、林业、渔业、牧业等各产业之间的比例。目标是增加农民收入，提高生活品质，并且改善生态环境。

从世界各国的农业发展趋势来看，农业产业结构调整是实现现代化农业的必经之路。目前，世界农业总的发展趋势有三大方面。

1. 越是发达国家，畜牧业在农业产业结构中所占的比例越大。通常畜牧业产值要超过农牧业总产值的一半以上，有的国家甚至高达 90%。

2. 越是发达国家，饲料业在粮食结构调整中所占的比例越大。目前在世界粮食总产量中，人吃的口粮占 59%，饲料粮占 41%，一些发达国家的饲料粮甚至占 70% 以上。

3 在产品结构中，优质品的占比越来越大。市场对营养、优质和享用方便的农产品的需求越来越大。因此，未来的发展趋势是，农产品产业不仅是生产，还包括越来越多的服务。

农业产业结构调整的必要性

根据国际市场形势，我国对农业产业结构的调整势在必行，主要有以下几个原因。

1. 随着我国农业生产力水平和人民物质生活水平的提高，优质农产品的需求明显上升。面对这种市场需求的变化，迫切要求农业生产从满足人民的基本生活需求向适应优质化、多样化的消费需求转变，从数量为主转向数量、质量并重。

2. 随着中国农业产品参与国际市场的竞争，农业的国际化进程加快。面向国内和国际两个市场的需求来安排农产品的生产，利用国内和国际两个市场的生产资源来调整优化农业结构，从而提高我国农产品的国际竞争力。

3. 调整优化农业结构是增加农民收入的一个有效途径，同时也是国家实现整体富裕的必然发展路径。

4. 人多地少是我国的基本国情，土地资源的合理利用和科学化种植是实现现代化农业的必经之路。通过调整优化农业结构，充分发挥区域比较优势，挖掘资源利用的潜力，实现资源的合理配置，提高资源开发利用的广度和深度，做到资源的有效利用与合理保护相结合，促进农业的可持续发展。

产业结构调整的措施

根据农业结构的变化规律，中国的农业产业结构政策，仍在不断地进行调整和优化，具体方向如下。

1. 促进农民专业合作社和农产品运销组织发展，有利于农民了解市场。通过各种方式解决农户分散经营与大市场之间的矛盾，帮助农户更好地进入市场，使他们能按照市场的需求来调整农业结构。

2. 加大对龙头企业的扶持力度，大力推进农业产业化经营。农业产业化经营是调整优化农业结构的重要途径。鼓励投资主体多元化，广泛吸引各类合作经济组织、社会民间资本和国外资本，来参与龙头企业建设。鼓励龙头企业到主产区建立生产基地，带动农民调整结构的积极性。

3. 健全农产品信息体系、市场体系和质量标准体系。农业要实现现代化，就需要与信息化深度融合。通过信息化的技术手段帮助农业实现规模化、精准化的生产经营。通过制定和修订农产品质量标准，建立健全农产品质量监督监测体系，和互联网模式相结合，打通农产品信息化、市场化体系，质量标准体系的农业产业结构的升级管道。

4. 加强农业科技创新，为农业结构调整提供技术支撑。首先，要适应农业结构调整的要求，重新确立农业科技研发的重点。重点要从主要追求增产技术向追求优质高效技术转变，从以粮、棉、油、糖、畜禽等大宗农产品生产技术为主转到大宗农产品生产技术与特色农产品生产技术并重，从生产技术领域拓展到生产后加工、保鲜、储运等领域。其次，要抓住关键技术，实行科技攻关。重点攻关高科技育种技术、设施农业技术、节水农业技术、病虫害综合防治技术、生态农业技术、绿色无公害生产技术、工厂化生产技术、标准化生产技术，以及农产品精深加工技术、农产品保鲜储运技术、农产品质量监测和动植物检疫技术。最后，要加强农技推广体系建设，加快农业科技成果应用步伐。当前，要及时为农民提供农业结构调整所需要的种子、苗木、种畜禽、菌种等，并为农民解决农产品加工、储运、销售过程中的技术问题。

5. 加强农业基础设施和生态环境建设。首先，要结合标准化农产品基地建设，完善农田水利、道路、电力等基础设施，为农业结构调整创造条件。其次，要加强农业生态环境建设，为发展优质农产品提供环境条件。

农业综合开发政策

农业综合开发是指中央政府为保护、支持农业发展，改善农业生产基本条件，优化农业和农村经济结构，提高农业综合生产能力和综合效益，设立专项资金对农业资源进行综合开发利用的活动。农业综合开发项目包括土地治理项目和产业化经营项目。

土地治理项目包括：稳产高产基本农田建设、粮棉油等大宗优势农产品基地建设、良种繁育、土地复垦等中低产田改造项目，草场改良、小流域治理、土地沙化治理、生态林建设等生态综合治理项目和中型灌区节水配套改造项目。

产业化经营项目包括：经济林及设施农业种植、畜牧水产养殖等种植养殖基地项目，农产品加工项目，储藏保鲜、产地批发市场等流通设施项目。

产业化经营重点扶持的产业包括专用小麦、专用玉米、优质水稻、高油大豆、“双低”油菜、“双高”糖料、棉花、蔬菜、畜禽、名优经济林（果）、茶叶、名优花卉、蚕桑、水产等。

农业综合开发项目管理应遵循以下原则：就地取材、统筹规划；规模开发，产业化经营；依靠科技，注重效益；公平竞争，择优立项。

农业综合开发项目实行自下而上的申报方式。

1. 前期准备，是指项目正式申报前的准备工作，包括制订开发计划、建立项目库和编制项目可行性研究报告等。原则是要做到经常化和制度化。

2. 依据农业发展中长期规划和国家农业综合开发政策，各级农发机构应制订本地区农业综合开发总体规划和阶段性开发方案，建立土地治理项目库和产业化经营项目库。

3. 存入项目库的项目应达到项目建议书的要求。项目建议书的主要内容包括：（1）土地治理项目：开发的条件及必要性，建设规模，主要治理措施，投资估算和效益预测；（2）产业化经营项目：建设条件，建设单位基本情况，市场分析与销售方案，项目建设方案，投资估算与资金筹措和财务评价。

在省级或地级农发机构实地考察的情况下，如果项目建议书合格的话，就可存入项目库。拟扶持项目从项目库中择优选择。农业综合开发项目可行性研究报告应由具备相应资质的单位编制或组织有关专家编制。可行性研究报告的主要内容包括以下三个方面。

1. 土地治理项目：（1）项目背景，包括自然、社会、经济等现状；（2）水土资源评价，包括项目建设的必要性及可行性；（3）治理范围、地点、规模；（4）工程量及主要工程、农艺措施；（5）项目区现状、工程平面布置图；（6）投资估算及筹资方案。经 2/3 以上农户签字同意或村民代表大会通过的农民筹资投劳计划及自愿开发证明材料；（7）综合效益评价；（8）组织实施和运行管理。

2. 产业化经营项目：项目背景及必要性，建设条件，建设单位基本情况，市场分析与销售方案，项目建设方案，投资估算与资金筹措，财务评价，环境影响评价，农业产业化经营与农民增收效果评价，项目组织与管理。

3. 农业综合开发项目：一般情况下，申报单位需要在上年度申报下年度的农业综合开发项目。扶持的对象是符合农业综合开发产业化经营项目扶持条件的农民专业合作社和农业产业化龙头企业。扶持方式有两种，分别是财政补助和贷款贴息，以贷款贴息为主。

保险优惠让增收稳妥

保险是社会的稳定器，也是国民经济的重要组成部分。它与国民经济各部门关系密切，特别是财政税收部门。

国家对农村保险补贴的政策每个省市具体执行不同，大致如下。

一、补贴险种类

中央财政补贴险种标的主要包括：（1）种植业：玉米、水稻、小麦、棉花、马铃薯、油料作物、糖料作物；（2）养殖业：能繁母猪、奶牛、育肥猪；（3）森林：已基本完成林权制度改革、产权明晰、生产和管理正常的公益林和商品林；（4）其他品种：青稞、牦牛、藏系羊等。

注：对于上述补贴险种，全国各地均可自主自愿开展，后须经财政部确认。符合条件的地区，财政部会依照规定给予保险费补贴予以支持。

二、险种补贴比例

在地方自愿开展且符合条件的基础上，财政部按照以下规定提供保险费补贴。

1. 种植业：在省级财政至少补贴 25% 的基础上，中央财政对中西部地区补贴 40%、对东部地区补贴 35%。对纳入补贴范围的中央单位，中央财政补贴 65%。

2. 养殖业：在省级及省级以下财政（以下简称地方财政）至少补贴 30% 的基础上，中央财政对中西部地区补贴 50%、对东部地区补贴 40%，对中央单位补贴 80%。

3. 森林：公益林在地方财政至少补贴 40% 的基础上，中央财政补贴 50%；对某某安岭林业集团公司，中央财政补贴 90%。商品林在省级财政至少补贴 25% 的基础上，中央财政补贴 30%；对某某安岭林业集团公司，中央财政补贴 55%。

4. 藏区品种、天然橡胶：在省级财政至少补贴 25% 的基础上，中央财政补贴 40%；对中央单位，中央财政补贴 65%。

三、三大粮食作物保险加大扶持力度

在上述补贴政策基础上，中央财政加大对产粮大县农业保险的支持力度，对省级财政给予产粮大县三大粮食作物（稻谷、小麦和玉米）

农业保险保险费补贴比例高于 25% 的部分，中央财政承担高出部分的 50%。其中，对农户负担保险费比例低于 20% 的部分，须先从省级财政补贴比例高于 25% 的部分中扣除，剩余部分由中央财政承担 50%。在此基础上，如省级财政进一步提高保险费补贴比例，并相应降低产粮大县的县级财政保险费负担，中央财政还将承担产粮大县县级补贴降低部分的 50%。

当县级财政补贴为零时，中央财政对中西部地区的补贴比例低于 42.5%（含 42.5%）的，按 42.5% 确定。在 42.5%~45%（含 45%）之间的，按上限 45% 确定。在 45%~47.5%（含 47.5%）之间的，按上限 47.5% 确定。对中央单位符合产粮大县条件的下属单位，中央财政对三大粮食作物农业保险保险费补贴比例由 65% 提高至 72.5%。

鼓励省级财政部门结合实际，对不同险种、不同区域实施差异化的农业保险保险费补贴政策，加大对重要农产品、规模经营主体、产粮大县、贫困地区及贫困户的扶持力度。

现代化农业专项资金扶持

2021 年是“十四五”规划的开局之年，是全面推进乡村振兴之年。

为促进全面推进乡村振兴、加快农业农村现代化战略的实施，中央各部委和地方各级政府继续加大惠农资金的财政投入，通过万亿中央财政资金的持续扶持，来引导和撬动更多资源要素向乡村汇聚，推动加快优化农业产业发展布局，促进农业产业转型升级，整体提升农业产业链现代化水平。为充分提高财政资金使用效益，持续抓好农业稳产保供和农民增收，推进农业高质量发展，经研究，国家对农业产业化发展专项资金项目进行了具体分类。

一、乡村重大补贴项目类

现代农业产业园创建项目、农商互联项目，补贴额度为每省2亿元。国家农村产业融合发展示范园项目，补贴资金为5000万元。田园综合体建设项目，补贴额度为一年5000万元，共三年。

畜禽粪污资源化利用项目，补贴额度最高为5000万元。数字农业建设试点项目，补贴资金在2000万元以内。农业产业强镇示范项目，补贴资金为1000万元。农业产业化联合体项目、一二三产业融合发展先导区项目和绿色循环高效特色农业促进项目，补贴额度为1800万元。

农业综合开发存量资金土地治理项目，最高补贴额度为每亩1500万元。

中药材生产扶持及药材基地项目，补贴额度为100万~3000万元。

全国休闲农业和乡村旅游示范县（市、区）创建项目，补贴额度为50万~1000万元。

“特色小镇”工程申报项目，补贴额度为500万~2000万元。

区域生态循环农业项目，补贴额度为1000万~1500万元。

现代种业提升工程（农作物种子、畜禽良种）项目，补贴额度为800万~1500万元。

二、观光采摘休闲农业类：承包山林地的林果业及观光农业，可以申请造林补贴、退耕还林补贴、水利和道路建设补贴

农业局的农业综合开发园艺类生产示范基地项目，一般情况下扶

持资金约为 200 万元。

林业局的农业综合开发名优经济林示范项目，扶持资金 150 万 ~300 万元。

农业农村部主管的园艺作物标准化创建项目，扶持资金在 50 万 ~100 万元之间。

农业局的水果蔬菜标准园创建项目，扶持资金在 25 万 ~100 万元之间。

农业局的高产创建项目，扶持资金约 50 万 ~100 万元。

三、科技示范园等观光与科普一体的休闲农业：这类休闲农业项目包括科技示范园、物流商贸园等形式，既可以申报技术方面的扶持，也能申请农业方面的扶持，因此可申报的资金扶持种类包括：发改委的冷链物流项目，商贸流通重点支持项目，农业局农产品产地初加工补助项目，农业科技推广示范项目，科技成果转化项目，现代农业园区试点项目，农业综合开发产业化经营财政补贴、贴息贷款、一县一特和龙头企业带动项目，农业产业化财政扶持项目，现代农业发展资金果菜产业项目和供销社的农业综合开发供销合作示范项目。

四、休闲农业园区都有机会申请的补贴：农业局与旅游局联合主管的休闲农业与乡村旅游示范点创建项目，农产品加工业休闲农业农民创业项目，扶贫旅游项目等。

五、现代农业产业园项目：支持范围，优势特色产业引领区、现代技术与装备集成区、一二三产业融合发展区、新型经营主体创业创新孵化区和现代农业示范核心区。申报部门：农业农村部、财政部。

六、农产品产地初加工补助项目：支持范围，重点扶持农户和农民专业合作社建设马铃薯储藏窖、果蔬通风库、冷藏库和烘干房等产地初加工设施。申报部门：农业农村部、财政部。

七、田园综合体建设项目：支持范围，生产体系、产业体系、经营体系、生态体系、服务体系、运行体系六大支撑体系。申报部门：财政厅农发办。

八、生物质能综合利用示范项目：支持范围，生物质成型燃料，畜禽养殖场沼气发电场等，对废弃物利用的项目。申报部门：发改委。

九、现代农业园区试点申报立项目：支持范围，现代农业园区。申报部门：农业农村部。

十、中小企业技术创新基金现代农业领域项目：支持范围，技术创新的专利。申报部门：科技部。

十一、农业综合开发产业化发展项目：支持范围，扶持专业大户、家庭农场、农民合作社和涉农企业。申报部门：国家农业综合开发办公室。

十二、现代青年农场主计划项目申报：支持范围，关于现代青年农场主培育项目。申报部门：农业农村部科技教育司。

十三、国家中药材生产扶持项目：如果是以中药材种植为基础的乡村旅游项目，可向国家经济贸易委员申报项目包括：野生药材资源保护和野生药材变家种家养的科研开发及成果推广应用，中药材种植养殖先进技术的研究和推广应用，大宗、紧缺品种的中药材基地建设，中药材种子种苗基地建设，中药材仓储技术及改善中药材仓储设施，中药饮片加工技术研究和推广应用。

十四、国家农业综合开发产业融合项目：支持范围，产业融合、土地托管、有机肥和低残农药、农膜项目。申报部门：农业农村部、国家农业综合开发办公室。

十五、“全国杰出农村实用人才”资助申报：支持范围，种养大户、家庭农场主、科技示范户、农民合作社骨干、大学生村官、基层组织负责人和返乡创业者等。申报部门：中国农学会。

十六、区域生态循环农业示范项目：支持范围，农副资源收储、农副资源饲料化加工、种养结合农田消纳基地、畜禽养殖废弃物处理、秸秆综合利用等其他符合的建设内容。申报部门：农业农村部、国家农业综合开发办公室。

十七、国家农业综合开发项目申报：支持范围，农作物良种生产及加工基地、园艺类良种繁育及生产示范基地、果茶育繁推一体化种苗基地试点和畜禽良种繁育项目。申报部门：农业农村部、国家农业综合开发办公室。

十八、农业综合开发林业示范项目：支持范围，支持木本油料、国家储备林、林下经济、区域特色经济林等林业示范项目。申报部门：国家林业和草原局、国家农业综合开发办公室。

十九、龙头企业带动产业发展试点项目：支持范围，农业基础设施、良种繁育、农业污染物防治、废弃物综合利用和社会化服务体系等公益性项目建设，以及新产品新技术推广应用、农产品精深加工等。申报部门：财政部。

二十、农民工等人员返乡创业行动计划申报：支持范围，落实定向减税和普遍性降费政策、落实农业农村产业扶持政策、加强新政策创设。申报部门：农业农村部等五部委。

二十一、扶贫项目：支持范围，带动农民增收性强的农产品加工产业。申报部门：乡村振兴局。

二十二、农牧、畜牧业类：支持范围，畜禽养殖标准化示范创建项目，畜牧良种推广项目，重点作物绿色高质高效行动项目，生猪（牛羊）调查大县奖励项目，奶业振兴行动。

二十三、种养结合庄园类：支持范围，中央财政林业科技推广示范补助，农业行业标准制定修订项目，稻渔综合种养示范区项目，国家现代农业庄园项目，耕地轮作休耕制度试点项目，产粮大县奖励项目，高标准农田土地整理项目。

习近平关于“三农”问题讲话

“三农”问题是指农村、农业、农民这三大问题，是指在广大农村地区，以种植业或者以养殖业为主的农民的生存状态的改善、产业的发展和社会进步的问题。系统地描述是指21世纪的中国，在历史形成的二元社会中，城市不断发展，城市居民不断发家致富，而农村的发展、进步相当滞后的问题。

习近平总书记指出：“中国要强，农业必须强；中国要美，农村必须美；中国要富，农民必须富。”要想实施乡村振兴战略，一定要从根本上解决“三农”问题。

着重解决“三农”问题

“三农”向好，全局主动。要坚持把解决好“三农”问题作为全党工作重中之重，坚持工业反哺农业、城市支持农村和多予少取放活方针，坚持土地公有制性质不改变、耕地红线不突破、农民利益不受损三条底线，不断加大强农惠农富农政策力度。深入推进农村各项改革，破解“三农”难题、增强创新动力、厚植发展优势，积极推进农业现代化，提高社会主义新农村建设水平，让农业农村成为可以大有作为的广阔天地。

农业是全面建成小康社会、实现国家现代化的基础。新形势下，农业主要矛盾已经由总量不足转变为结构性矛盾，主要表现为阶段性的供过于求和供给不足并存。要把推进农业供给侧结构性改革、提高农业综合效益和竞争力，作为当前和今后一个时期我国农业政策改革和完善的主要方向。保障粮食安全是农业结构性改革的基本底线。要确保中国人的饭碗任何时候都牢牢端在自己手上，中国人的饭碗应该主要装中国粮，必须坚持以我为主、立足国内、确保产能、适度进口、科技支撑的国家粮食安全战略，实现藏粮于地、藏粮于技，确保谷物基本自给、口粮绝对安全。要发挥市场机制作用，加强政府支持保护，让农民种粮有利可图、让主产区抓粮有积极性。搞好粮食储备调节，善于用好两个市场、两种资源，适当增加进口和加快农业走出去步伐。耕地是粮食生产的命根子，必须坚守 18 亿亩耕地红线，实行最严格的耕地保护制度，像保护大熊猫一样保护耕地。要加快转变农业发展方式，加快农业技术创新步伐，走产出高效、产品安全、资源节约、环境友好的农业现代化道路。

农村基本经营制度是党的农村政策的基石。坚持农村土地农民集体所有，这是坚持农村基本经营制度的“魂”。要坚持家庭经营基础性地位，农村集体土地应该由作为集体经济组织成员的农民家庭承包，其他任何主体都不能取代农民家庭的土地承包地位，不论承包经营权如何流转，集体土地承包权都属于农民家庭。不断探索农村土地集体所有制的有效实现形式，完善土地所有权、承包权、经营权分置办法，落实集体所有权、稳定农户承包权、放活土地经营权，加快构建以农户家庭经营为基础、合作与联合为纽带、社会化服务为支撑的立体式复合型现代农业经营体系。积极深化农村改革，把握正确方向，尊重农民意愿，坚持试点先行，确保农村改革健康顺利进行。

加强农村社会管理，提升乡村治理水平。继续推进社会主义新农村建设，走符合农村实际的路子，遵循乡村自身发展规律，注重补农村的短板、扬农村的长处，努力建设美丽乡村和农民幸福家园。要重视农村“三留守”问题，重视空心村问题，搞好农村民生保障和改善工作。重视化解农村社会矛盾，及时反映和协调农民各方面利益诉求，处理好政府和群众利益关系，从源头上预防和减少社会矛盾。重视农村基层党组织建设，加快完善乡村治理机制，夯实党在农村的执政基础。

农村经济社会发展关键在人。要通过富裕农民、提高农民、扶持农民，解决好"地谁来种、新农村谁来建"的问题。富裕农民，就是广辟农民增收致富门路，提高农民收入和生活水平；提高农民，就是提高农民素质，培养造就有文化、懂技术、会经营的新型农民，确保农业发展和新农村建设后继有人；扶持农民，就是强化政府对农业的支持保护，改善农民生产生活条件。要让农业成为有奔头的产业，让农民成为体面的职业，让农村成为安居乐业的美丽家园。

推进城乡发展一体化是国家现代化的重要标志。要把工业和农业、城市和乡村作为一个整体统筹谋划，促进城乡在规划布局、要素配置、产业发展、公共服务、生态保护等方面相互融合和共同发展。通过建立城乡融合的体制机制，形成以工促农、以城带乡、工农互惠、城乡一体的新型工农城乡关系，逐步实现城乡居民基本权益平等化、城乡公共服务均等化、城乡居民收入均衡化、城乡要素配置合理化，以及城乡产业发展融合化。

——《习近平总书记系列重要讲话读本（2016 年版）》

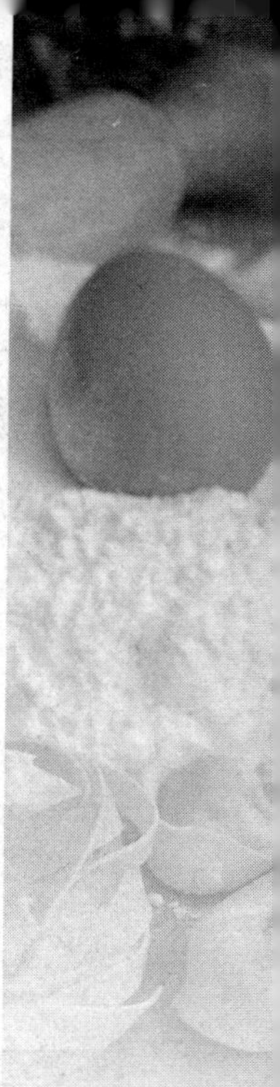

第八章
挖掘农民增收潜力

转移性收入和财产性收入

转移性收入及其构成

转移性收入是指在各级政府财政之间进行资金调拨以及在本级政府财政不同类型资金之间调剂所形成的收入，包括上级补助收入、下级上解收入、调入资金和地区间援助收入等，其中主要是上级补助收入。

上级补助收入是指上级政府财政按照财政体制规定或因专项需要补助给本级政府财政的款项，包括上级税收返还、一般性转移支付和专项转移支付。一般情况下，税收返还与地方政府上缴的税收收入成正相关。地方财政收入的主要来源就是补助收入，例如 2017 年中央对地方税收返还和转移支付为 6.6 万亿元，而当年地方本级收入 9.1 万亿元，两者之比接近 3∶4。横向进行比较，31 个省（区、市）接受中央补助收入有着大的差别，中央对经济基础薄弱、财政收入表现差的甘肃、青海、西藏和黑龙江等地的补助与地方本级财政收入的比值超过了 200%。

下级上解收入是指按照财政体制规定由下级政府财政上交给本级政府财政的款项。主要包括按体制规定由国库在下级预算收入中直接化解给本级财政的款项、按体制结算后下级财政补缴给本级财政的款项和各种专项上解款项。

调入资金是指政府财政为平衡一般公共预算收支，从地方政府基金预算、地方国有资本经营预算及其他渠道调入的资金。

地区间援助收入是指受援方政府财政收到援助方政府财政转来的可统筹使用的各类援助、捐赠等资金收入。此项收入属于非固定收入项。

财产性收入及其内容

财产性收入，也称资产性收入，是指通过资本参与社会生产和生活活动所产生的收入。即家庭拥有的不动产（如房屋、土地、收藏品等）和动产（如银行存款、有价证券等）所获得的收入，包括出让财产使用权所获得的利息、租金、专利收入，财产营运所获得的红利收入、财产增值收益等。

与城镇居民不同，农村居民既可以从经营土地等资源上获得收入，也有外出务工的收入，还有极少数资本市场收益。所以，在挖掘农民增收渠道上，政府要继续健全农业补贴制度和农产品价格保护制度，建立健全的基本公共服务体系，提高农民职业技能、创收能力，大力增加转移性收入。在增加财产性收入方面，政府要依法保障农民对承包土地的占有、使用、收益等权利及宅基地使用权、集体收益分配权，在依法自愿有偿和加强服务基础上，完善土地承包经营权流转市场，允许农民以转包、出租、互换、转让、股份合作等形式流转土地承包经营权，发展多种形式的适度规模经营、社区合作和专业合作，拓宽农民租金、股息、红利等财产性收入渠道。完善征地制度，提高农民在土地增值收益中的分配比例。随着我国城镇化水平的逐渐提升，更多富裕的农民会和城镇居民一般，在投资领域获得更多财产性收入。

“四补贴”与振兴农村

四补贴：种粮农民直接补贴、农资综合补贴、良种补贴和农机具购置补贴。为了增加农民收入，国家陆续出台了一系列的补贴政策等，深度挖掘农民增收的潜力。具体细节如下。

1. 种粮直补政策，这是对种粮农民的直接补贴，目的就是最大限度地调动农民种粮的积极性，提高粮食的综合生产能力，保障国家粮食的生产安全，从而促进粮食增产、农业增效和农民增收。

2020 年的粮食补贴发放标准由于各个地区情况不同，补贴数额也不相同。补贴标准从 50 元到 200 元不等，一般来说，小麦补贴每亩 110 元，玉米每亩补贴 105 元，其他农作物每亩补贴 100 元。

2. 农资综合补贴政策，是指政府对农民购买农业生产资料（包括化肥、柴油、种子、农机）实行的一种直接补贴制度。

3. 良种补贴政策，是指对一地区优势区域内种植主要优质粮食作物的农户，根据品种给予一定的资金补贴。2017 年，政府对小麦、玉米、大豆、油菜、青稞每亩补贴 10 元。其中，新疆地区的小麦良种补贴 15 元。水稻、棉花每亩补贴 15 元。马铃薯一、二级种薯每亩补贴 100 元。花生良种繁育每亩补贴 50 元，大田生产每亩补贴 10 元。

4. 农机购置补贴政策，中央财政农机购置补贴资金实行定额补贴，即同一种类、同一档次农业机械在省域内实行统一的补贴标准。比如，2019 年，农机报废补贴标准按照报废农机的机型和类别来确定。拖拉机：根据马力段的不同补贴额从 500 元到 1.1 万元不等；联合收割机：根据喂入量（或收割行数）的不同从 3000 元到 1.8 万元不等。

5. 新增补贴向粮食等重要农产品、新型农业经营主体、主产区倾斜政策，国家将加大对专业大户、家庭农场和农民合作社等新型农业经营主体的支持力度，实行新增补贴向专业大户、家庭农场和农民合作社倾斜政策。

6. 提高小麦、水稻最低收购价政策。从 2006 年开始，我国小麦最低收购价一直在上涨，2014 年到 2017 年，小麦（三等）最低收购价维持在历史最高点，为每 50 公斤 118 元。之后出现了短暂的价格下调，到了 2020 年，小麦最低收购价与 2019 年持平。

2020 年，经国务院批准，2020 年生产的早籼稻（三等）、中晚籼稻和粳稻最低收购价分别为每 50 公斤 121 元、127 元和 130 元。与 2019 年相比，其中，早籼稻（三等）和中晚籼稻每 50 公斤提高了 1 元，粳稻与 2019 年持平。回顾历年情况，从 2016 年开始，稻谷最低收购价连续三年不同程度地下降，2018 年下调幅度最大，2019 年保持稳定，2020 年则稳中有升。

7. 产粮（油）大县奖励政策，常规产粮大县奖励标准为 500 万 ~8000 万元，奖励资金作为一般性转移支付，由县级人民政府统筹使用，超级产粮大县奖励资金用于扶持粮食生产和产业发展。在奖励产粮大县的同时，中央财政对 13 个粮食主产区的前 5 位超级产粮大省给予了重点奖励，其余给予适当奖励，奖励资金由省级财政用于支持本省粮食生产和产业发展。油菜籽增加奖励系数 20%，大豆已纳入产粮大县奖励的继续予以奖励；入围县享受奖励资金不得低于 100 万元，奖励资金全部用于扶持油料生产和产业发展。

8. 农产品目标价格政策，2015年，政府启动了东北和内蒙古大豆、新疆棉花目标价格补贴试点，探索粮食、生猪等农产品目标价格保险试点，开展粮食生产规模经营主体营销贷款试点。

9. 深入推进粮棉油糖高产创建支持政策，2013年，中央财政安排专项资金20亿元，在全国建设12500个万亩示范片，并选择5个市（地）、81个县（市）、600个乡（镇）开展整建制推进高产创建试点。2015年，国家将继续安排20亿元专项资金支持粮棉油糖高产创建和整建制推进试点，并在此基础上开展粮食增产模式攻关，集成推广区域性、标准化高产高效技术模式，辐射带动区域均衡增产。

10. 土壤有机质提升补助政策，2015年，中央财政安排专项资金8亿元，继续在适宜地区推广秸秆还田腐熟技术、绿肥种植技术和大豆接种根瘤菌技术，同时，重点在南方水稻产区开展酸化土壤改良培肥综合技术推广，在北方粮食产区开展增施有机肥、盐碱地严重的地区开展土壤改良培肥综合技术推广。

11. 做大做强育繁推一体化种子企业支持政策，农业农村部将会同有关部委继续加大政策扶持力度，推进育繁推一体化企业做大做强。一是强化项目支持。二是推动科技资源向企业流动。三是优化种业发展环境。

12. 农产品追溯体系建设支持政策，经国家发改委批准，农产品质量安全追溯体系建设正式纳入《全国农产品质量安全检验检测体系建设规划（2011—2015年）》，总投资4985万元，专项用于国家农产品质量安全追溯管理信息平台建设和全国农产品质量安全追溯管理信息系统的统一开发。

13. 培育新型职业农民政策，2015年，农业农村部进一步扩大新型职业农民培育试点工作，使试点县规模达到300个，新增200个试点县，每个县选择2~3个主导产业，重点面向专业大户、家庭农场、农民合作社、农业企业等新型经营主体中的带头人、骨干农民。

14. 基层农技推广体系改革与示范县建设政策，2015 年，中央财政安排基层农技推广体系改革与建设补助项目 26 亿元，基本覆盖全国农业县。

15. 阳光工程政策，2015 年，国家将继续组织实施农村劳动力培训阳光工程，以提升综合素质和生产经营技能为主要目标，对务农农民免费开展专项技术培训、职业技能培训和系统培训。

16. 培养农村实用人才政策，2015 年依托培训基地举办 117 期示范培训班，通过专家讲课、参观考察、经验交流等方式，培训 8700 名农村基层组织负责人、农民专业合作社负责人和 3000 名大学生村官。选拔 50 名左右优秀农村实用人才，每人给予 5 万元的资金资助。

17. 加快推进农业转移人口市民化政策，党的十八届三中全会明确提出要推进农业转移人口市民化，逐步把符合条件的农业转移人口转为城镇居民。政策措施主要包括三个方面：一是加快户籍制度改革；二是扩大城镇基本公共服务覆盖范围；三是保障农业转移人口在农村的合法权益。

18. 推进农村产权制度改革政策，根据中央一号文件的要求，国家有关部门将深入研究新型集体经济组织主体地位、产权交易、股权的有偿退出和抵押、担保、继承等重大问题。

养猪补贴政策及现状分析

生猪生产是农业至关重要的组成部分，猪肉是我国居民最主要的副食品。我国既是养猪大国，也是猪肉消费大国，生猪饲养量和猪肉消费量约占全球总量的 50%。发展生猪生产，有利于农村收入的增加，促进社会经济的稳定发展。

我国生猪行业分析

我国的生猪生产既面临国内资源环境的制约，又承受着国际市场竞争的压力，在产量高起点上实现突破难度加大，可持续发展面临着巨大的挑战。

第一，环境压力加大。生猪养殖粪便特别是污水产生量大，处理成本高，污染治理难度大。据测算，目前生猪粪便产生量超过 6 亿吨，约占畜牧业粪便总量的 1/3，综合利用率却不足一半。近年来，随着农业面源污染防治力度不断加大，国家制定的《畜禽规模养殖污染防治条例》《水污染防治行动计划》等相继实施，生猪养殖环境保护制度更加严格。

第二，土地及饲料等资源短缺。党的十八届五中全会提出坚持实行最严格节约用地制度，土地资源短缺将成为生猪规模养殖发展的最大制约因素。“十三五”期间，生猪规模养殖比重将进一步提高，养殖用地需求不断增加。此外，我国蛋白饲料原料对外依赖性强，进口量不断增加，大豆 70% 以上需要进口。

第三，国际市场竞争加剧。我国生猪综合竞争力明显低于发达国家，养殖成本比美国高出 40% 左右，每公斤增重比欧盟多消耗饲料 0.5 公斤左右，母猪年提供商品猪比国外先进水平少 8~10 头。与欧美的发达国家相比，小规模分散养殖比重大，养殖场户自产自销仍是主体，利益联结机制不够健全，中间环节多，流通成本高。

第四，疫病风险持续存在。我国生猪疫病流行状况比较复杂，病种多，病原复杂，流行范围广，防控形势比较严峻。口蹄疫、猪瘟等重大疫病仍有局部发生，非洲猪瘟等外来动物疫病传入风险依然存在。

第五，市场波动较大。生猪价格呈现周期性波动规律。近年来，受内外部环境变化影响，生猪价格波动较大。一般一轮周期大概持续 4 年左右。

2020 年养猪补贴政策

政府对 2020 年底前新建、改扩建种猪场、规模猪场（户）、禁养区内规模养猪场（户）易地重建等给予一次性补贴。

1. 新建猪舍补贴。(1)新建猪舍补贴范围主要包括：圈舍新建、引种、粪污处理、贷款等方面进行补贴。（2）补贴的标准为：新建圈舍每平方米补贴 40 元，沼气池每立方米补贴 150 元，引进良种母猪每头补贴 400~600 元，贷款贴息 50%。

2. 规模养猪补贴。生猪养殖规模 3000 头以上的，补贴 80 万元。生猪养殖规模 2000~2999 头的，补贴 60 万元。生猪养殖规模 1000~1999 头的，补贴 40 万元。生猪养殖规模 500~999 头的，补贴 20 万元。

3. 标准化养殖项目补贴。标准化养殖项目主要针对在生猪主产区采取“以奖代补”的方式，支持适度规模生猪养殖场进行标准化改扩建，在扩建时可以申请补贴。

4. 能繁母猪补贴。对农户饲喂的能繁母猪实施补贴，其补贴标准为每头补贴 50 元。另外，对能繁母猪还进行保险补贴，补贴标准按照保险费档次来决定，具体补贴详情可以咨询当地畜牧局。生猪育种补助政策主要对生产性能测定、遗传物质交流、遗传评估、大数据平台建设给予补贴。

5. 养殖场病死猪无害化处理补贴。对养殖环节病死猪无害化处理的，每头给予 80 元补贴，由中央和地方财政分担。因为每个地区的补贴标准会有所不同，所以具体细节和当地政府联系。现在农村养猪虽然有补贴，但是对于散户来说补贴优势不大，主要针对的还是大型规模养殖户。

奶牛良种繁育项目补贴

乳畜业是随着城市发展而形成的面向城市市场的商品化、集约化畜牧业地域类型，其主要生产对象是奶牛，产品是牛奶及其制品，如奶粉、黄油和奶酪。北美洲、西欧、中欧，以及澳大利亚、新西兰等是乳畜业比较发达的地区。

目前畜牧业已经成为中国农业和农村经济的支柱产业，成为农民增收的主要途径。奶业是畜牧业发展中的重要组成部分。中国奶业发展速度很快，但是与世界奶业发达国家相比，还有着很大的差距，主要的问题是奶牛品种和饲养管理水平问题。为了提高我国奶牛的产奶水平，国家对奶牛良种繁育给予适当的补贴，在项目区选用具有高产潜力的优质精液，通过人工授精，对奶牛品种进行改良。

为此，2005 年，国家制定了《奶牛良种补贴试点项目资金管理暂行办法》，以规范项目管理，提高财政资金使用效益。据中央电视台记者报道：2007 年，河北、黑龙江、内蒙古、山西四省（区）15 个县，到 2006 年已经扩大到了 22 个省的 148 个县。奶牛也从 2005 年的 60 万头增加到了 410 万头，提高了奶农的积极性。据统计，每户奶农可节省 50 元的成本，直接增收大约 1 亿元。这些改良的奶牛每头可以提高单产 500 公斤，每年可以为每户奶农增收 2000 元到 3000 元。这为奶业的健康发展起到了积极的作用。

2018 年安徽省补贴情况

1. 奶用能繁母牛 11 万头，按照农业农村部、财政部的要求和分配指标，安徽对全省 6 万头荷斯坦奶牛能繁母牛实施补贴。对谯城区、蒙城县、利辛县、临泉县、颍上县、灵璧县、涡阳县、五河县、凤阳县 9 个县存栏的有条件开展挤奶工作的 5 万头乳肉兼用西门塔尔牛能繁母牛实施补贴。

2. 肉用能繁母牛 10 万头，按照农业农村部、财政部的要求和分配指标，安徽确定将阜阳市、亳州市和宿州市为项目区，对能繁母牛实施良种补贴。

3. 奶牛良种补贴，按照每头能繁母牛补贴 30 元或 20 元。荷斯坦牛每头能繁母牛每年使用 2 剂冻精，每剂冻精补贴 15 元，其他奶牛品种每剂冻精补贴 10 元。

4. 奶牛，对全省 6 万头能繁荷斯坦奶牛全部实行补贴，乳用西门塔尔牛选择存栏能繁母牛在 5000 头以上的县（市）整县推进。

5. 肉牛，选择存栏能繁母牛 5000 头以上的县（市）实施补贴。

2020 年吉林省补贴情况

补贴对象：母猪、奶牛、肉牛养殖场（小区、户），存栏能繁母羊 30 只以上、能繁牦牛母牛 25 头以上的养殖户。补贴标准：母猪 40 元，奶牛母牛 30 元，其他品种母牛 20 元，肉牛母牛 10 元。绵羊、山羊种公羊 800 元。牦牛种公牛 2000 元。

畜禽养殖标准化示范的创建：能繁母猪存栏 300 头以上，出栏肥猪 5000 头以上。奶牛存栏 300 以上。蛋鸡 10000 只以上。肉鸡年出栏 10 万羽以上。育肥牛 500 头或存栏能繁母牛 50 头。母羊存栏，农区 250 只以上，牧区 400 只以上。肉羊出栏，农区 500 只以上，农区 1000 只以上。在具体开始实施项目本身没有补贴，只有拿到牌照才能方便申请省级或国家级补贴。

农业“三项补贴”政策

三项补贴：农作物良种补贴、种粮农民直接补贴和农资综合补贴。政策的实施，对于促进粮食生产和农民增收、推动农村经济的发展发挥着积极作用。党中央、国务院明确要求，在稳定加大农业补贴力度的同时，逐步完善农业补贴政策，改进农业补贴办法，提高农业补贴政策效能。为此，财政部、农业农村部针对农业“三项补贴”实施过程中存在的问题，研究出台了完善农业补贴政策的指导意见。

中国作为世界贸易组织（英文缩写 WTO）成员国，对农业的补贴受世贸组织规则约束。原有的农业“三项补贴”侧重于生产与价格环节，在世贸组织规则使用中受到一定限制。政策调整后，耕地地力保护补贴用于对耕地资源的保护，在世贸组织规则中使用不受限制，有利于进一步加大对农业的支持和保护力度。

耕地地力保护补贴的用途

耕地地力保护补贴的政策目标是地力保护，农民领取补贴后，要将资金用于以下五个方面。

第一，减少农药化肥施用量，利用好畜禽粪便，多施农家肥。第二，鼓励有效利用农作物秸秆，通过青储发展食草畜牧业，禁止焚烧秸秆，控制农业面源污染。第三，大力发展节水农业，推广水肥一体化等绿色农业产业发展的重大技术措施，主动保护地力。第四，鼓励深松整地，改善土壤耕层结构，提高蓄水保墒（保墒指保持住土壤里适合种子发芽和作物生长的湿度，保持水分不蒸发，不渗漏，例如播种后地要压实，是为了减少孔隙，让上层密实的土保住下层土壤的水分）和抗旱能力。第五，发展和巩固城乡环卫一体化成果，搞好垃圾、污水处理和厕所改造，为农产品质量安全创造良好的环境。

山东省“三项补贴”案例

山东省调整完善农业“三项补贴”政策主要内容是：将农业“三项补贴”合并为“农业支持保护补贴”，政策目标调整为支持耕地地力保护和粮食适度规模经营。一是支持耕地地力保护。将80%的农资综合补贴存量资金，加上种粮农民直接补贴和农作物良种补贴资金，用于耕地地力保护。二是支持粮食适度规模经营。20%的农资综合补贴存量资金，加上种粮大户补贴试点资金和农业“三项补贴”增量资金，统筹支持粮食适度规模经营。支持对象为主要粮食作物的适度规模生产经营者，体现“谁多种粮食，就优先支持谁”。

浙江省“三项补贴”案例

2015年，浙江省全面推进农业“三项补贴”政策整合，通过择优选择对萧山等17个县（市、区）展开补贴政策综合改革试点，其中在衢州市全市范围内实施改革试点。2016年，浙江省下发《关于进一步推进财政支持农业“三项补贴”政策综合改革的指导意见》，进一步复制推广试点地区的成功经验和做法，将嘉兴市、湖州市全市域纳入改革试点范围。

针对农业生产成本较高、种粮效益低、农业生产经营规模小和经营体系不完善的现状，从改革试点初期开始，浙江省就从改革创新农业生产经营方式入手，着力推动和引导组建粮食生产专业合作社、联合社，切实解决粮食生产组织化和规模化的问题。通过农民专业合作社制定联合社章程、内部管理制度、收益分配制度等，积极推进联合社规范化建设，并且联合社已探索出承担农业补贴申报、面积审核等事项。

土地流转政策的实施

农村土地流转是指在土地使用权上流动和转移，是农村家庭承包的土地通过合法的形式，保留承包权，将经营权（使用权）转让给其他农户或其他经济组织的行为。农村土地流转是农村经济发展到一定阶段的产物，通过土地流转，可以开展规模化、集约化、现代化的农业经营模式。

土地流转的不同形式

据统计，截止到2012年，全国土地流转面积为2.7亿亩，占家庭承包耕地面积的21.5%。农村土地流转具有明显的区域特征：一是不同地区之间，农村土地流转的比例存在差异，呈现出东高西低的特点；二是农村土地流转形式在地区之间呈现较大差异。

市场化：在土地流转的过程中，通过流转合约、价格机制等有关方面的市场机制，把分散经营农户的土地转给了以市场化、企业化为主要运作方式的农业龙头企业以及工商企业，不仅是实现土地流转“公平”与“效率”协调发展的要求，也是农业发展实现现代化的最重要体现。

多元化：农村土地流转方式主要有出租、互换、转让、委托第三方经营、反租倒包、土地股份合作等多种形式，在部分农村地区还实行了土地季节性流转、土地信托等土地转让方式。

规范化：村集体和地方政府在土地流转的过程中，开展了合同签订、项目的协调与宣传等工作，最后完成土地的转出过程。每个村中的村委会以公正、公平的原则对土地流入的对象单位进行选定，然后统一协调散户与该单位的合同签订，对流转双方的义务和权利、争议、流转的价格、流转期限等事项都进行协调处理。

浙江温州的土地流转模式：转包

转包形式是指承包方将部分或全部土地的承包经营权按照一定期限转给同一集体经济组织的其他农户从事农业生产经营。转包后原土地承包关系不变，原承包方继续履行原土地承包合同规定的权利和义务。承包方有稳定的收入来源，经承包方申请和发包方同意，将部分或全部土地承包经营权转让给其他从事农业生产经营的农户，由其履行相应土地承包合同的权利和义务。转让后原土地承包关系自行终止，原承包方承包期内的土地承包经营权部分或全部消失。

重庆江津的土地流转模式：互换

互换形式是指承包方之间为了方便耕作与管理或发展某项专业性生产，通过集体出面协调，农户自愿协商的办法，将农户经营的地块相互交换经营权，条件由双方商定或村集体出面调解，土地的承包权不变，流转期限具有一定的周期性。

安徽小岗的土地流转模式：出租

出租形式是指承包方将部分或全部土地的承包经营权以一定期限租赁给他人从事农业生产经营。出租后原土地承包关系不变，原承包方继续履行原土地承包合同规定的权利和义务。

上海奉贤的土地流转模式：土地入股

土地入股是指实行家庭承包方式的承包方之间为发展农业经济，以土地的使用权入股，兴办股份制或股份合作制企业，或连片开发发展规模经营项目，所得利润按股分红。反租倒包，村委会将承包到户的土地通过租赁形式集中到集体（称为反租），进行统一规划和布局，然后将土地的使用权通过市场的方式承包给农业经营大户或者从事农业经营公司（称为倒包）的土地经营方式。

我国土地流转发展历程

第一阶段：明令禁止阶段。从改革开放到1988年之前，制度层面不允许进行土地流转。1982年《宪法》第10条第4款明确规定，“任何组织或者个人不得侵占买卖、出租或者以其他形式非法转让土地”。

第二阶段：解禁阶段。1988 年 4 月，七届全国人大第一次会议对宪法的修改，规定“土地的使用权可以依照法律的规定转让”，奠定了土地使用权合法流转的法律地位。

第三阶段：规范化阶段。2003 年 3 月 1 日，《农村土地承包法》实施，明确了“通过家庭承包取得的土地承包经营权可以依法采取转包、出租、互换、转让或者其他方式流转”的法律规定，对土地流转进行了原则约束，为土地流转实践奠定了法律基础，这标志着中国土地承包经营流转制度的正式确立。

关于“三权分置”的解读

“三权分置”是指土地形成所有权、承包权、经营权三权分置，经营权流转的格局。其核心是坚持农村土地集体所有权的根本地位，是继改革开放之初家庭联产承包责任制衍生出的所有权和承包经营权“两权分离”后，进一步健全农村土地产权制度，推动新型工业化、信息化、城镇化、农业现代化同步发展的制度。目前，农村已有 30% 以上的承包农户在流转承包地，流转面积 4.79 亿亩。为此，2017 年，全国人大农业与农村委员会副主任委员刘振伟在十二届全国人大常委会第三十次会议的全体会议上，受全国人大农业与农村委员会的委托，作了关于《中华人民共和国农村土地承包法修正案（草案）》的报告。草案规定，以家庭承包方式取得的土地承包经营权在流转中分为土地承包权和土地经营权，同时明确了土地承包权和土地经营权的权能。土地经营权流转后，为了加强对土地承包权的保护，承包方与发包方的承包关系不变，承包方的土地承包权不变。

按照习近平总书记 2016 年 4 月 25 日在农村改革座谈会上关于“建立土地承包经营权登记制度”的精神，以及与民法总则、物权法、农业法等法律相衔接，草案保留了土地承包经营权概念。土地集体所有权与承包经营权是承包地处于未流转状态的一组权利，是两权分离。土地集体所有权与土地承包权、土地经营权是承包地处于流转状态的一组权利，是三权分置。

国家围绕正确处理农民和土地关系这一改革主线，科学界定“三权”内涵、权利边界及相互关系，逐步建立规范高效的“三权”运行机制，不断健全归属清晰、权能完整、流转顺畅、保护严格的农村土地产权制度，优化土地资源配置，培育新型经营主体，促进适度规模经营发展，进一步巩固和完善农村基本经营制度，为发展现代农业、增加农民收入、建设社会主义新农村提供坚实保障。

“三权分置”格局

完善“三权分置”，不断探索农村土地集体所有制的有效实现形式，落实集体所有权，稳定农户承包权，放活土地经营权，充分发挥“三权”的功能和整体效用，形成层次分明、结构合理、平等保护的格局。

第一，始终坚持农村土地集体所有权的根本地位。第二，严格保护农户承包权。农户享有土地承包权是农村基本经营制度的基础，要稳定现有土地承包关系并保持长久不变。第三，加快放活土地经营权。赋予经营主体更有保障的土地经营权，是完善农村基本经营制度的关键。土地经营权人对流转土地依法享有在一定期限内占有、耕作并取得相应收益的权利。在依法保护集体所有权和农户承包权的前提下，平等保护经营主体依流转合同取得的土地经营权，保障其有稳定的经营预期。支持新型经营主体提升地力、改善农业生产条件、依法依规开展土地经营权抵押融资。鼓励采用土地股份合作、土地托管、代耕代种等多种经营方式，探索更多放活土地经营权的有效途径。第四，逐步完善“三权”关系。农村土地集体所有权是土地承包权的前提，农户享有承包经营权是集体所有的具体实现形式，在土地流转中，农户承包经营权派生出土地经营权。

征地制度如何保障农民的权益

中国宪法和物权法规定，国家为了公共利益，可以依照法律规定对土地实行征收或者征用并给予一定的补偿。中国征地制度的改革，受国内城镇化进程的推动。关于农村集体用地流转、宅基地制度改革等问题，国家陆续进行调整，其核心是打破土地二元结构的限制。

征收土地亦称“土地征收”，是指国家为了公共利益，依照法律规定的程序和权限将农民集体所有的土地转化为国有土地，并依法给予被征地的农村集体经济组织和被征地农民合理补偿及妥善安置的法律行为。

为了合理利用土地，保护被征地农民的合法权益，维护社会稳定，在 2004 年，国务院颁布了《关于深化改革严格土地管理的决定》。针对被征地的农民安置问题，具体内容如下。

一、农业生产安置。征收城市规划区外的农民集体土地，包括农村集体机动地、承包农户自愿交回的承包地、承包地流转和土地开发整理新增加的耕地等，首先要让被征地的农民有必要的耕作土地，能够继续从事农业生产。

二、重新择业安置。应当积极创造条件，向被征地农民提供免费的劳动技能培训，安排相应的工作岗位。在同等条件下，用地单位应优先吸收被征地农民就业。征收城市规划区内的农民集体土地，应当将因征地而导致无地的农民，纳入城镇就业体系，并建立社会保障制度。

三、入股分红安置。对有长期稳定收益的项目用地，在农户自愿的前提下，被征地农村集体经济组织经与用地单位协商，可以以征地补偿安置费用入股，或以经批准的建设用地土地使用权作价入股。农村集体经济组织和农户通过合同约定以优先股的方式获取收益。

四、易地移民安置。本地区确实无法为因征地而导致无地的农民提供基本生产生活条件的，在充分征求被征地农村集体经济组织和农户意见的前提下，可由政府统一组织，实行易地移民安置。

征地补偿安置演变过程

1982 年，《国家建设征用土地条例》第一次明确了就业安置为主、货币补偿为辅的补偿安置模式。

1986 年，规定土地按照前 3 年平均年产值的法定倍数补偿，征收耕地的，补偿标准为耕地年产值的 3~6 倍，安置补助标准每一农业人口为耕地每亩年产值的 2~3 倍，最高不超过 10 倍，土地补偿费和安置补助费总和不得超过被征土地年产值的 20 倍。因被征地造成多余劳动力“农转非”，由政府或用人单位安排工作。

1998 年，土地管理法对这种模式作了调整，即改为货币补偿为主、就业安置为辅的模式，提高了土地补偿标准，即征收土地按照原用途补偿，耕地的土地补偿费为被征收前三年平均年产值的 6~10 倍，安置补助费标准，为该耕地每亩年产值的 4~6 倍，最高不超过 15 倍，土地补偿费和安置补助费总和不得超过被征土地年产值的 30 倍。特殊情况下，国务院可以进一步提高标准，并取消了多余劳动力安排工作的规定。

2004 年，《国务院关于深化改革严格土地管理的决定》开始向货币补偿和就业补偿并重的模式转变，对于被征地农民，要求各省（区、市）颁布统一年产值或区片综合地价，征地按照上述标准补偿，并纳入城镇就业体系、建立社会保障制度，保留必要耕作土地，建设用地使用权入股或者易地移民安置等。

土地确权政策分析

2020年，全国农村基本完成了土地确权的工作。由于城乡差距，国家开始大力发展农村经济，推动农村向城镇化转变。在农村土地问题上，房地一体确权在一定程度上解决了农民对于确权问题的担忧。新的土地确权政策下有以下需要注意的地方。

1. 不能确权的土地

占用耕地建房：有些农民家庭人口较多，子女成年后需要建新房，因此存在未分配到宅基地的情况，占用了耕地建房的情况。如果建新房的时候，没有提交办理相关手续，到土地确权的时候，占用耕地建的房屋就无法确权。

房屋非法买卖：严格来说，农村房屋是不允许买卖的，因为农村宅基地属于村集体，农民只有使用权，并且只有本村的农民才能使用。因此，农村房屋可以在本村内部转让，不能作为商品出售给本村农民以外的人。通过非法买卖所得的农村土地，无法确权。

集体所有的自留地：自留地、自留山和自留草场均属于集体所有，其成员只有使用权，不得出租、转让或买卖，也不得擅自用于建房等非农业生产用途。

自留地不属于个人，由村集体分配给农民进行农产品生产，并且不能用于其他地方。农村自留地不参加土地确权，当自留地被征用时，可以获得农产品补偿，而不会发放土地补偿金。

2. 如何处理未确权的土地

根据国家的最新政策，村集体有权收回没有确权的宅基地，农民有需求的可以申请重新分配宅基地，据此形成了以下处置方式。一是闲置的宅基地由村集体收回，根据村民需求重新分配。二是农民出现一户多宅的情况，可以有偿退出宅基地。三是农民宅基地未确权，但如果房屋在正常使用中，可以暂时不收回。但这类房屋不能再翻修和重建，等到房屋不再适合居住的时候，由村集体收回宅基地。四是未确权的宅基地上如果建有房屋，村民将宅基地在村集体成员中合法流转时，可以要求接收方提供给出让方一定的经济补偿。